CW01302700

Marcel Reich-Ranicki über Heinrich Heine: »Er hat der deutschen Poesie neue Wege gewiesen. Ihm ist geglückt, was Europa den Deutschen im 19. Jahrhundert kaum mehr zutraute: ein Stück Weltliteratur. Früher als die anderen europäischen Dichter seiner Zeit hat er ausgiebig von der Umgangssprache profitiert. So vermochte er die Sprache der Lyrik zu erneuern: Er hat sie ohne Pardon entrümpelt und anmutig verschlankt und damit die dringend notwendige Voraussetzung für die Demokratisierung der Literatur geschaffen. Der gesunde Menschenverstand machte es Heine möglich, stets aufs neue zu zeigen, daß Dichtung vernünftig sein könne – und die Vernunft dichterisch. Ihm ist es scheinbar mühelos gelungen, jene Synthese zu verwirklichen, die in Deutschland Seltenheitswert hat – die Synthese aus Witz und Weisheit, Charme und Scharfsinn, Gefühl und Grazie. Der Reichtum der Töne und Themen, der Motive und Melodien, den Heine entfaltet hat, ist bis heute beispiellos. Er hat in seinen Versen gebetet und gebettelt, geflucht und geflüstert, geträumt und gedroht. Er hat sie verherrlicht, die große und die kleine, die schwere und die leichte Liebe. Ja, das war Heine vor allem: ein Dichter der Liebe.«

Diese Auswahl aus seinem lyrischen Werk enthält 44 Gedichte, neu gelesen und gedeutet von Dichtern, Kritikern und Literaturwissenschaftlern – unter anderem von Hans Christoph Buch, Eva Demski, Joachim Fest, Ludwig Harig, Peter Härtling, Eckart Kleßmann, Günter Kunert, Golo Mann, Peter von Matt, Dolf Sternberger, Friedrich Torberg und Wolf Wondratschek.

insel taschenbuch 2740
Heinrich Heine
Ich hab im Traum geweinet

Heinrich Heine
Ich hab im Traum geweinet

44 Gedichte mit Interpretationen

Herausgegeben
von Marcel Reich-Ranicki

Insel Verlag

insel taschenbuch 2740
Erste Auflage 2001
© Insel Verlag Frankfurt am Main und Leipzig 1997
Alle Rechte vorbehalten,
insbesondere das der Übersetzung, des öffentlichen Vortrags
sowie der Übertragung durch Rundfunk und Fernsehen,
auch einzelner Teile.
Kein Teil des Werkes darf in irgendeiner Form
(durch Fotografie, Mikrofilm oder andere Verfahren)
ohne schriftliche Genehmigung des Verlages
reproduziert oder unter Verwendung elektronischer Systeme
verarbeitet, vervielfältigt oder verbreitet werden.
Hinweise zu dieser Ausgabe am Schluß des Bandes
Vertrieb durch den Suhrkamp Taschenbuch Verlag
Umschlag nach Entwürfen von Willy Fleckhaus
Satz: MZ-Verlagsdruckerei GmbH, Memmingen
Druck: Nomos Verlagsgesellschaft, Baden Baden
Printed in Germany

3 4 5 6 – 06

In memoriam
Golo Mann

Inhalt

- 11 Vorwort

- 17 *Die Grenadiere*
  Joachim Fest

- 22 *Belsatzar*
  Peter von Matt

- 27 *An meine Mutter B. Heine*
  Hans Christoph Buch

- 32 *Sie haben dir viel erzählet*
  Peter Härtling

- 36 *Ein Jüngling liebt ein Mädchen*
  Marcel Reich-Ranicki

- 40 *Die alten, bösen Lieder*
  Hans J. Fröhlich

- 44 *Im Rhein, im schönen Strome*
  Paul Michael Lützeler

- 48 *Ein Fichtenbaum*
  Wolf Wondratschek

- 52 *Ich hab im Traum geweinet*
  Werner Weber

- 57 *Die Loreley*
  Hans-Ulrich Treichel

- 59 *Sei mir gegrüßt*
  Peter Härtling

- 63 *Mein Herz, mein Herz ist traurig*
  Hans-Ulrich Treichel

- 67 *Das Meer erglänzte weit hinaus*
  Joseph Anton Kruse

- 71 *Die Jahre kommen und gehen*
  Wulf Segebrecht

- 76 *Ich rief den Teufel*
  Gert Ueding

- 79 *Mein Kind, wir waren Kinder*
  Guntram Vesper

- 84 *In den Küssen*
  Klara Obermüller

- 88 *Prolog*
  Ludwig Harig

- 92 *An einen ehemaligen Goetheaner*
  Hanspeter Brode

- 96 *Das Fräulein stand am Meere*
  Walter Hinderer

- 100 *Ich hatte einst ein schönes Vaterland*
  Walter Hinck

- 102 *Wenn ich, beseligt von schönen Küssen*
  Wolfgang Preisendanz

- 107 *Wo?*
  Joseph Anton Kruse

- 111 *Anno 1839*
  Jost Hermand

116 *Begegnung*
Walter Hinck

121 *An einen politischen Dichter*
Günter Kunert

125 *Nachtgedanken*
Eckhard Heftrich

130 *Das neue Israelitische Hospital zu Hamburg*
Hans Otto Horch

135 *Doktrin (Schlage die Trommel)*
Hans Daiber

138 *Pomare*
Dieter Borchmeyer

142 *An die Jungen*
Werner Ross

146 *Die schlesischen Weber*
Eckart Kleßmann

150 *Der Asra*
Joseph Anton Kruse

154 *Helena*
Gert Ueding

158 *Autodafé*
Helmut Koopmann

162 *Gedächtnisfeier*
Friedrich Torberg

166 *Enfant perdu*
Manfred Windfuhr

170 *Zum Lazarus*
Dolf Sternberger

173 *Wie langsam kriechet*
Jürgen Jacobs

177 *Epilog*
Eva Demski

181 *Der Scheidende*
Armin Ayren

185 *»Nicht gedacht soll seiner werden!«*
Golo Mann

189 *Lotosblume*
Walter Hinck

193 *Worte! Worte! Keine Taten*
Rudolf Walter Leonhardt

Anhang

197 Bibliographische Notiz

199 Alphabetisches Verzeichnis der Überschriften und Gedichtanfänge

203 Verzeichnis der Interpreten

Vorwort

Damals, in meiner Jugend, als ich die großen deutschen Dichter zum ersten Mal las, da haben sie mich allesamt begeistert. Ich verehrte und bewunderte Goethe, den »Faust« vor allem und die »Iphigenie«, ich liebte Schiller (die Dramen, zumal »Die Räuber« und »Don Carlos«, und die Balladen, zumal »Die Kraniche des Ibykus«), Hölderlin war mir fremd, aber ich verneigte mich vor ihm, bebend vor Ehrfurcht, ich litt mit Kleist und war in ihn vernarrt, Büchner hatte mich aufgeschreckt und hingerissen, Fontane berückt und entzückt, der junge Hofmannsthal beglückt. Aber keiner stand mir näher als Heinrich Heine, ja mit ihm konnte ich mich bisweilen sogar identifizieren. Robert Musil fragte einst: »Was bleibt von Kunst?« Und er antwortete lapidar: »Wir, als Geänderte, bleiben.« Wenn ich mir überlege, ob es denn einen anderen Autor gebe, der mir so nahe stehen würde wie Heine und von dem ich sagen könnte, er habe mir in schwierigen Situationen meines Lebens geholfen, er habe mich geändert – dann kommt mir nur ein einziger in den Sinn: Thomas Mann.

Meine Beziehung, ja meine Hinneigung zu Heine, dem deutschen Juden, dem jüdischen Europäer, dem europäischen Weltbürger, hatte viele Gründe und verschiedene Ursachen: persönliche und allgemeine, emotionale und rationale und natürlich auch solche, die mit meiner Herkunft zu tun haben und mit meinem Temperament, mit meiner Biographie und mit meiner Mentalität.

Seine Ahnen gehörten – erzählt Heine in den »Reisebildern« – »nicht zu den Jagenden, viel eher zu den Gejagten«. Den Jagenden hat er immer mißtraut, er hat sie verhöhnt und bekämpft. Und so war er denn auch ein Sprecher und Sachwalter aller Gejagten, aller Benachteiligten und Beleidigten, aller Unglücklichen. Ihm, dem Scharfsinnigen, konnte man wie keinem der bedeutenden deutschen Dichter des achtzehnten und neunzehnten Jahrhunderts einen politischen Kopf nachrühmen: Die Politik hat ihn immer interessiert, die Revolution irritiert und mitunter fasziniert.

Aber wenn man es recht bedenkt, war er, ähnlich wie Goethe und Schiller, ähnlich wie Hölderlin und Kleist doch kein politischer Mensch. Er wollte es nicht sein. Es gab für ihn immer etwas, das ihn stärker ergriff, das ihm wichtiger war. In seinen späten »Geständnissen« bekennt er freimütig: »Längst ruht in der Scheide das Schwert, das ich einst zog im Dienst einer Idee, und nicht einer Privatleidenschaft …« Gewiß, in seinen jungen Jahren hat es Heine gereizt, Ideen zu dienen, für Ideen zu streiten, in die Politik einzugreifen. Er hat auch viel über Religion und Philosophie nachgedacht und geschrieben. Indes war er kein Mann der Weltanschauung oder der Ideologie, er hat letztlich weder die Religion noch die Philosophie gebraucht.

Gegen Ende seines Lebens stellte er nicht ohne leise Ironie fest: »Ich habe es, wie die Leute sagen, auf dieser schönen Erde zu nichts gebracht. Es ist nichts aus mir geworden, nichts als ein Dichter.« In seinem so schlichten wie selbstbewußten Fazit »Ich war immer ein Dichter« liegt der Akzent auf dem Wort »immer«. Ja, er war es von Anfang an und er blieb es bis zu seinem Tod: ein Künstler, ein Poet. Neben vielen anderen Motiven war es dies, was meine Liebe zu Heine geweckt, ja entflammt hat: das auf jeder Seite seiner Schriften spürbare, das unverkennbare, das stets dominierende, alles überflügelnde Künstlertum. Seine Abhandlungen und Essays, seine Feuilletons und Glossen, seine Kritiken und Reportagen, seine schwungvoll-heftigen Plädoyers und seine leidenschaftlichen Pamphlete verdanken die nach wie vor verblüffende Wirkungskraft ihren Bildern, Klängen und Rhythmen. Es sind Sprachkunstwerke, es sind dichterische Arbeiten. Freilich sollte man die Verse nicht übersehen, die sich in Heines »Lamentationen« finden:

> Ich habe große Dummheiten gemacht –
> Die Klugheit bekam mir noch schlimmer.
> .....
> Wer nie im Leben töricht war,
> Ein Weiser war er nimmer.

Das stimmt schon: Er hat mitunter schnell, vielleicht allzu schnell produziert, gelegentliche Raschheiten mögen seinen Werken hier und da abträglich sein, bisweilen ist seiner Feder manches entschlüpft, was besser ungeschrieben geblieben wäre. Aber schwerfälliges, schlechtes Deutsch ist ihm nie unterlaufen. Sein Taktgefühl konnte ihn im Stich lassen, doch selbst dann war die Grazie seiner Sprache vollkommen, selbst dann war sein Stil makellos. Damit mag es zusammenhängen, daß wir Heine verzeihen, was wir anderen großen Dichtern verübeln: Seine Schwächen und wohl auch seine Untugenden kamen seinen Gegnern und Feinden zupaß – und brachten ihm bei anderen Verständnis ein, Sympathie und auch Liebe.

Er behauptete: »Ich verstelle mich gar nicht, ich spreche wie mir der Schnabel gewachsen, ich schreibe in aller Unschuld und Einfalt, was mir in den Sinn kommt ...« Das trifft zu: Es war nicht seine Sache, sich zu verstellen. Und weil er keine Hemmungen hatte zu schreiben, was ihm gerade in den Sinn gekommen war, fallen uns in seinen Schriften nicht wenige Widersprüche auf.

Mutig und nicht selten übermütig hat er niemanden geschont, auch nicht sich selber: Was immer er publizierte, es wurde geschätzt und bewundert, verabscheut und bekämpft. Es verschaffte ihm neue Feinde und freilich immer auch neue Freunde. Da er ein passionierter Provokateur war, beschwingt und bissig zugleich, hat er seine Leserschaft in ganz Europa gespalten und polarisiert. Er wurde gehaßt wie kein deutscher Dichter vor ihm, er wurde geliebt wie nur sehr wenige Poeten vor und nach ihm. Als 1827 sein »Buch der Lieder« erschien, dauerte es nicht lange und es gab in ganz Deutschland einen Fall Heine. Es gibt ihn immer noch – und das spricht nicht gegen Heine.

Den Haß seiner Feinde wollte er als Bürgschaft verstanden wissen, daß er sein schriftstellerisches Amt »recht treu und ehrlich« verwalte: »Ich werde mich jenes Hasses immer würdig zeigen.« Er wußte es, er sagte es voraus, daß zusammen mit seinem Werk auch dieser Haß überleben werde:

> Wenn ich sterbe, wird die Zunge
> Ausgeschnitten meiner Leiche;
> Denn sie fürchten, redend käm ich
> Wieder aus dem Schattenreiche.

Doch noch eine andere Eigentümlichkeit ebenso der Lyrik wie der Prosa Heines hatte mich für ihn eingenommen. Was ich bei Schiller, bei Hölderlin und Novalis, bei Kleist und Eichendorff vermißte und was mich in manchen Gedichten Goethes immer wieder bezauberte, das fand und liebte ich bei Heine: die Leichtigkeit und das Unfeierliche des Tones, die souveräne Heiterkeit und den augenzwinkernden Scherz. Aber »hinter allen seinen Scherzen und Possen« – erkannte einer seiner vorzüglichsten Zeitgenossen, Arthur Schopenhauer – »merken wir einen tiefen Ernst, der sich schämt, unverschleiert hervorzutreten.«

Im Unterschied zu vielen großen deutschen Dichtern konnte es sich Heine leisten – und das gerade imponierte mir in meiner Jugend und gefällt mir noch heute –, die Gegenstände seiner Dichtung mit scheinbar nachlässigen Versen zu besingen. Es ist, glaube ich, diese kunstvolle Nachlässigkeit, der seine Gedichte eine ganz besondere Grazie verdanken – und eine in seiner Epoche einzigartigen Modernität.

Heine hielt sich an Goethes Gedicht »Rechenschaft«, in dem es heißt: »Nur die Lumpe sind bescheiden, / Brave freuen sich der Tat«. Und er scheute sich nicht, frei und stolz zu erklären: »Ob das, was ich überhaupt schuf in diesem Leben, gut oder schlecht war, darüber wollen wir nicht streiten. Genug, es war groß …« Dies habe er gemerkt »auch an der Kleinheit der Zwerge«, die, vor seinen Werken stehend, nur »schwindlicht hinaufblinzeln«, denn: »Ihr Blick reicht nicht bis zur Spitze, und sie stoßen sich nur die Nasen an dem Piedestal jener Monumente, die ich in der Literatur Europas aufgepflanzt habe, zum ewigen Ruhme des deutschen Geistes.«

Wie denn: »zum ewigen Ruhme des deutschen Geistes?« Das sind kühne Worte. Aber Heine hat nicht übertrieben. Und wir brauchen dem nichts hinzuzufügen.

Jochen Hieber danke ich für seine Mitarbeit an diesem Band.

Marcel Reich-Ranicki

Die Grenadiere

Nach Frankreich zogen zwei Grenadier,
Die waren in Rußland gefangen.
Und als sie kamen ins deutsche Quartier,
Sie ließen die Köpfe hangen.

Da hörten sie beide die traurige Mär:
Daß Frankreich verloren gegangen,
Besiegt und zerschlagen das große Heer –
Und der Kaiser, der Kaiser gefangen.

Da weinten zusammen die Grenadier
Wohl ob der kläglichen Kunde.
Der eine sprach: Wie weh wird mir,
Wie brennt meine alte Wunde!

Der andre sprach: Das Lied ist aus,
Auch ich möcht mit dir sterben,
Doch hab ich Weib und Kind zu Haus,
Die ohne mich verderben.

Was schert mich Weib, was schert mich Kind,
Ich trage weit beßres Verlangen;
Laß sie betteln gehn, wenn sie hungrig sind –
Mein Kaiser, mein Kaiser gefangen!

Gewähr mir, Bruder, eine Bitt:
Wenn ich jetzt sterben werde,
So nimm meine Leiche nach Frankreich mit,
Begrab mich in Frankreichs Erde.

Das Ehrenkreuz am roten Band
Sollst du aufs Herz mir legen;
Die Flinte gib mir in die Hand,
Und gürt mir um den Degen.

So will ich liegen und horchen still,
Wie eine Schildwach, im Grabe,
Bis einst ich höre Kanonengebrüll
Und wiehernder Rosse Getrabe.

Dann reitet mein Kaiser wohl über mein Grab,
Viel Schwerter klirren und blitzen;
Dann steig ich bewaffnet hervor aus dem Grab –
Den Kaiser, den Kaiser zu schützen.

Joachim Fest

Mehr erhitzt als erleuchtet

Allen Mut zur Vereinfachung zusammennehmend, kann man in der deutschen Lyrik zwei genealogische Linien ausmachen: die eine eher liedhaft, mit Gedichten voll von Gemütstönen, die sich emphatisch über den Formenkatalog hinwegsetzen; die andere streng, in nahezu jeder Zeile ein hohes poetisches Kalkül verratend und häufig gedanklich verschlüsselt. Der Gegensatz ist vielfältig definierbar, die Namen Goethe, Heine oder Trakl stehen für die eine Linie; Hölderlin, Platen oder Stefan George für die andere.

Die Neigung für Gedichtetes entwickelt sich leichter und früher an den Zeugnissen der ersten Kategorie. Dann aber verwirft man, um von der eigenen Erfahrung zu reden, die alten Götter, da die eine Vorliebe die andere verbietet, ehe beide sich schließlich nebeneinander behaupten, Heines »Grenadiere« beispielsweise neben »Brot und Wein«.

Und wenn von solchen frühen Erinnerungen die Rede ist, kann jenes Grammophon nicht fehlen mit Schalltrichter, Handkurbel sowie bizarr gebogenem und im Betrieb unruhig wippendem Tonabnehmer. Denn viele Gedichte der klassischen und romantischen Zeit sind am einprägsamsten über die Musik erreichbar, nicht durchweg die bedeutendsten, aber zahlreiche bedeutende eben doch. Wie unsäglich die Schluchzer auch klingen mochten, mit denen ein längst vergessener Bariton das »Mein Kaiser, mein Kaiser gefangen« aus Robert Schumanns Vertonung vortrug: etwas von der grandiosen Heineschen Unmittelbarkeit teilte sich darin unvergeßlich mit.

Heine hat in der Dialogpartie, die den dramatisch pointierten Höhepunkt des Gedichts bildet, zwei schroff unterschiedene Charaktere gegenübergestellt. Der eine hausväterisch besorgt, vom Lärm und abenteuernden Zugriff der großen Geschichte nur gestört, nicht ohne Unruhe an die Familie und die Rückkehr in den bürgerlichen Pflichtenkreis denkend; mit deutlicher Mißbilligung wird ihm nur eine Strophe zugeteilt, während dem anderen mehr als fünf gewährt werden: er steht weit über dergleichen privater Beschränktheit, weiß sich im Dienst einer Sache, die jeden Einsatz rechtfertigt und noch dem Toten eine Pflicht zuweist.

Dieser allein ist gemeint, das Gedicht eine Huldigung vor der Macht des großen, über den Einzelnen hinausweisenden Gedankens und nicht, wie man mitunter fälschlich gedeutet hat, vor dem Kaiser der Franzosen. Heine war kein Monarchist, auch kein Anwalt des Napoleonkults, wiewohl er Bonapartes Verdienste um die Ausbreitung der Ideen von 1789, nicht zuletzt auch um die Emanzipation der Juden, hoch achtete.

Der Kaiser ist nur ein Metapher: eine konkrete Erscheinung jener Idee, nach der die Menschen unentwegt auf der Suche sind, die sie unter wechselnden Vorzeichen finden und zur Not sich auch konstruieren. Denn irgendein überpersönlicher Gedanke erst, eine Zukunftsvorstellung, das Gefühl der Teilhabe an einer objektiven Bewegung der Geschichte gibt dem Leben einen Sinn; dem Leben vieler jedenfalls, die in ihm selber keinen zu finden wissen. Die »Grenadiere« sind auch ein Gedicht vom Ungenügen, sogar von der Verächtlichkeit privater Existenz, privaten Glücks.

Heine hat sich später verschiedentlich vom »Buch der Lieder«, dem das Gedicht entstammt, distanziert. Die der Zahl nach weit überwiegenden Liebesgedichte hat er als »in Honig getauchte Schmerzen« abgetan und im übrigen versichert, damals habe die Wahrheit ihn mehr erhitzt als erleuchtet. Zu denken ist, daß der zweite Vorbehalt vor allem auf Gedichte wie dieses zielt. Die bessere Einsicht, so meinte der Dichter, die er später gewonnen habe, laute weit einfacher, die Menschen sollten nur das tun, was tunlich ist – in der Kunst wie im Leben.

Belsatzar

*Die Mitternacht zog näher schon;
In stummer Ruh lag Babylon.*

*Nur oben in des Königs Schloß,
Da flackerts, da lärmt des Königs Troß.*

*Dort oben in dem Königssaal
Belsatzar hielt sein Königsmahl.*

*Die Knechte saßen in schimmernden Reihn,
Und leerten die Becher mit funkelndem Wein.*

*Es klirrten die Becher, es jauchzten die Knecht;
So klang es dem störrigen Könige recht.*

*Des Königs Wangen leuchten Glut;
Im Wein erwuchs ihm kecker Mut.*

*Und blindlings reißt der Mut ihn fort;
Und er lästert die Gottheit mit sündigem Wort.*

*Und er brüstet sich frech, und lästert wild;
Der Knechtenschar ihm Beifall brüllt.*

*Der König rief mit stolzem Blick;
Der Diener eilt und kehrt zurück.*

*Er trug viel gülden Gerät auf dem Haupt;
Das war aus dem Tempel Jehovahs geraubt.*

Und der König ergriff mit frevler Hand
Einen heiligen Becher, gefüllt bis zum Rand.

Und er leert ihn hastig bis auf den Grund,
Und er rufet laut mit schäumendem Mund:

Jehovah! dir künd ich auf ewig Hohn –
Ich bin der König von Babylon!

Doch kaum das grause Wort verklang,
Dem König wards heimlich im Busen bang.

Das gellende Lachen verstummte zumal;
Es wurde leichenstill im Saal.

Und sieh! und sieh! an weißer Wand
Da kams hervor wie Menschenhand.

Und schrieb, und schrieb an weißer Wand
Buchstaben von Feuer, und schrieb und schwand.

Der König stieren Blicks da saß,
Mit schlotternden Knien und totenblaß.

Die Knechtenschar saß kalt durchgraut,
Und saß gar still, gab keinen Laut.

Die Magier kamen, doch keiner verstand
Zu deuten die Flammenschrift an der Wand.

Belsatzar ward aber in selbiger Nacht
Von seinen Knechten umgebracht.

Peter von Matt

Knalleffekt und Raffinesse

Ist das nicht die bekannteste aller Balladen? Die Vermutung sei geäußert, ohne dem »Erlkönig« und dem »Taucher«, »John Maynard« und »Des Sängers Fluch« zu nahe treten zu wollen. Das Gedicht hat im breitesten Bewußtsein Karriere gemacht, und während vom »Grab im Busento« bis zu »Nis Randers« tausend Evergreens vergilbten, lärmt Belsatzars Troß ungehindert weiter. Die Schule hat dabei natürlich ihre Hand im Spiel. Lehrpersonen zeigen eine geheimnisvolle Neigung zu dem Text. Wer ihn nie auswendig lernen mußte, soll vortreten!
Heine hat bessere Gedichte geschrieben, raffiniertere nur wenige. Er operiert wie ein Postmoderner mit allen Spielformen der Trivialität. Das Metrum läßt er klappern, die Reime schnappen, die Wortwahl ist grell und die Moral von der Eindeutigkeit jener Kinnhaken, die einen Match beenden. Aber gleichzeitig gibt er ständig zu verstehen, daß er diese Effekte sehr überlegt setzt. Auf jede Kraßheit folgt ein Moment tatsächlicher Subtilität. Insbesondere die delikaten Rhythmuswechsel lassen das Klappern und die Sprachschminke als Zitat eines naiveren Redens erscheinen: einer, der es anders kann, will es diesmal so. Das bestätigt sich in der Art, wie erzählt wird. Zwischen die Strophen, die nach bänkelsängerischer Manier jede mit einer Szene zusammenfallen, fügen sich prachtvolle Steigerungen über mehrere Verspaare hin.
Dennoch garantiert das alles noch keinen, garantiert vor allem nicht diesen Erfolg. Er wird etwas einsichtiger,

wenn man nach der Pointe fragt. Sie erweist sich als verblüffend doppelläufig. Das Gedicht kann ebensogut jakobinisch wie monarchistisch gelesen werden. Revolutionäre Seelen genießen darin den Sturz des Königs, dem die Geschichte das Menetekel an die Wand geschrieben hat; die Konservativen aber dürfen mit Befriedigung zusehen, wie der Aufstand gegen die göttliche Ordnung bestraft wird.

Der letzte Grund für den Erfolg ist jedoch auch so noch nicht benannt. Ich wage nur zögernd davon zu reden, denn es geht um das Seelenleben der Schullehrer. Vieles deutet darauf hin, daß sie die Ballade, ohne sich dessen bewußt zu sein, als die ins Mythische gesteigerte Darstellung einer Schulklasse erleben, wo der Lehrer vorübergehend fehlt. In Belsatzar erkennen sie instinktiv jenen sommersprossigen Rädelsführer, der in jeder Klasse steckt und unweigerlich zu »frevlen Handlungen« schreitet und »grause Worte« äußert, sobald der Pädagoge sich kurzfristig verzieht. Wer wüßte nicht, erinnerte sich nicht mit Scham und Lust, wie es da zugeht (»er brüstet sich frech und lästert wild«) und wie alle anderen es genießen (»die Knechteschar ihm Beifall brüllt«). Und heimlich horchte doch jeder auf die nahenden Schritte im Korridor.

Was für den sensiblen Erzieher aber die Assoziation zwischen dem babylonischen Gelage und einem tobenden Schulzimmer endgültig zwingend macht, ist die Schrift an der Wand. Wunderbar, wie hier des Lehrers eigenstes Medium zur Apotheose findet. Die Tafel an der Wand, auf die er selbst täglich die Wahrheit in hellen Zeichen setzt, an der von seiner Hand erscheint, was gilt und Gesetz ist und notfalls ein Strafmaß festhält, sie wird zum numinosen Ort verklärt, vor dem der lärmende Troß verstummt und dem totenblassen Rädelsführer die frevlen Knie schlottern. Das kann man wirklich nur noch auswendig lernen lassen.

An meine Mutter B. Heine,
geborene v. Geldern

I

Ich bins gewohnt, den Kopf recht hoch zu tragen,
Mein Sinn ist auch ein bißchen starr und zähe;
Wenn selbst der König mir ins Antlitz sähe,
Ich würde nicht die Augen niederschlagen.

Doch, liebe Mutter, offen will ichs sagen:
Wie mächtig auch mein stolzer Mut sich blähe,
In deiner selig süßen, trauten Nähe
Ergreift mich oft ein demutvolles Zagen.

Ist es dein Geist, der heimlich mich bezwinget,
Dein hoher Geist, der alles kühn durchdringet,
Und blitzend sich zum Himmelslichte schwinget?

Quält mich Erinnerung, daß ich verübet
So manche Tat, die dir das Herz betrübet?
Das schöne Herz, das mich so sehr geliebet?

II

Im tollen Wahn hatt ich dich einst verlassen,
Ich wollte gehn die ganze Welt zu Ende,
Und wollte sehn, ob ich die Liebe fände,
Um liebevoll die Liebe zu umfassen.

Die Liebe suchte ich auf allen Gassen,
Vor jeder Türe streckt ich aus die Hände,
Und bettelte um gringe Liebesspende –
Doch lachend gab man mir nur kaltes Hassen.

Und immer irrte ich nach Liebe, immer
Nach Liebe, doch die Liebe fand ich nimmer,
Und kehrte um nach Hause, krank und trübe.

Doch da bist du entgegen mir gekommen,
Und ach! was da in deinem Aug geschwommen,
Das war die süße, langgesuchte Liebe.

Hans Christoph Buch

Ein kunstvoller Hilfeschrei

Es ist ein literarischer Sonntagsanzug, in dem der junge Heine hier vor seine Mutter tritt, und das Schnittmuster für diesen nach der neuesten Mode gearbeiteten Anzug hat er sich bei seinem Bonner Professor August Wilhelm Schlegel ausgeliehen, dem der angehende Dichter mehrere Sonette gewidmet hat. In seinen Vorlesungen über romantische Poesie, die Heine im Wintersemester 1819/20 besuchte, bezeichnete Schlegel das Sonett als »Bravourstück, worin sich der Virtuose zeigen könne«, und siedelte es an der Grenze vom Lyrischen zum Didaktischen an.

Dieser Doppelcharakter läßt sich auch am vorliegenden Gedicht ablesen: Einerseits will der Student Harry Heine seiner Mutter demonstrieren, bis zu welcher Meisterschaft er es in der Poesie gebracht hat, andererseits leistet er Abbitte dafür, daß er vom rechten Berufsweg abgekommen ist und die von seiner Mutter angestrebte Karriere als Rechtsanwalt oder Bankkaufmann ausgeschlagen hat. »Letztere war überhaupt nicht damit zufrieden, daß ich Verse machen lernte«, schrieb Heine in einem erst postum gedruckten Memoirenfragment: »Sie hatte nämlich damals die größte Angst, daß ich ein Dichter werden möchte; das wäre das Schlimmste, sagte sie immer, was mir passieren könne.«

Die doppelte Bewegung, in der sich der Sohn der Mutter annähert und im gleichen Atemzug von ihr entfernt, hat Heines Sonett bis in seine Zweistrophigkeit hinein geprägt und kehrt auf allen Ebenen des Texts wieder: als Widerspruch zwischen intimer Zwiesprache und öffentlicher Huldigung, zwischen dem hohen, ja erhabenen Ton des Gedichts und seiner privaten Vertraulichkeit, zwischen rhetorischem Überschwang und schlichtem Gefühlsausdruck.

Nicht nur durch die ungewöhnliche Form, auch durch seinen Inhalt ist das vorliegende Sonett, auf den ersten Blick jedenfalls, untypisch für den Dichter: Die souveräne Distanz zur eigenen Person fehlt hier ebenso wie die ironische Pointe, die heutige Leser mit Heines Lyrik assoziieren. Ich kenne kaum ein deutsches Gedicht, in dem das Wort Liebe so oft vorkommt wie in der zweiten Strophe dieses Doppelsonetts, das trotz seiner Kunstfertigkeit wie ein Hilfeschrei klingt. Insofern sind die Verse doch nicht untypisch, denn Heines Weltruhm beruht auf der Verbindung von literarischer Virtuosität mit Gefühlsunmittelbarkeit.

Der Autor trägt sein Herz zu Markte und stellt seine Leiden ungeschützt bloß, die, anders als die Leiden des jungen Werther, nicht nur auf unerwiderte Liebe zurückzuführen sind. Man könnte das Gedicht psychoanalytisch interpretieren, als Sehnsucht nach dem verlorenen Paradies der Kindheit und der Geborgenheit der Mutterliebe, deren frühe Prägung das Leben des Erwachsenen bestimmt. Aber eine solche Deutung greift zu kurz, abgesehen davon, daß der junge Heine gerade erst dem Elternhaus entwachsen war.

Auch der Autor des »Werther« war ein Muttersöhnchen; aber anders als Frau Rat Goethe war Betty Heine, geborene von Geldern, Jüdin, und ihr Erziehungsprogramm zielte auf die Emanzipation der Juden in Deutschland. Hier liegt die Quelle der leidvollen Erfahrung, der das Sonett Ausdruck verleiht: eine Diskriminierung, der Heine durch seinen Übertritt zum Protestantismus zu entgehen versuchte, und die ihn schließlich ins französische Exil getrieben hat, wo er die literarische Anerkennung fand, die seine deutschen Landsleute ihm vorenthielten. Insofern hat der Sohn das von der Mutter gesteckte Ziel erreicht, obwohl die üble Nachrede, vor der er nach Paris floh, ihn auch hier eingeholt und seinen Nachruhm bis heute verdunkelt hat.

Sie haben dir viel erzählet

Sie haben dir viel erzählet
Und haben viel geklagt;
Doch was meine Seele gequälet,
Das haben sie nicht gesagt.

Sie machten ein großes Wesen
Und schüttelten kläglich das Haupt;
Sie nannten mich den Bösen,
Und du hast alles geglaubt.

Jedoch das Allerschlimmste,
Das haben sie nicht gewußt;
Das Schlimmste und das Dümmste,
Das trug ich geheim in der Brust.

Peter Härtling

Üble Nachrede

»Sie haben dir viel erzählet« steht als vierundzwanzigstes Gedicht in dem Zyklus »Lyrisches Intermezzo«. Sechzehn der insgesamt fünfundsechzig Stücke hat Robert Schumann vertont und seinem Liederkreis einen Titel gegeben, der unverhohlen Heine meint: »Dichterliebe«. Das vierundzwanzigste Gedicht allerdings sparte er aus (wie andere Gedichte auch). Wahrscheinlich hat er schon beim ersten Lesen gemerkt, daß die drei Strophen, so »gesungen« sie scheinen, sich seiner Musik widersetzten. Und dies aus einem Grund, dessen Abgründigkeit er wohl begriff, in seinem Kunstverstand dem Dichter durchaus nah: die virtuose »Melodei« wird hier (und nicht nur in diesem Gedicht) mit Vorsatz schrill und »unmusikalisch«.

»Sie«! Wen ruft der liebende Sänger höhnisch und nicht ohne triumphierende List da auf? Wer sind »sie«, die ihn der Angebeteten durch üble Nachrede abspenstig machen? «Sie«, das ist eine Geschichte für sich, und die birgt die Erfahrungen des jungen Harry Heine, die tatsächlichen und die eingebildeten.

Zwar steht das »Lyrische Intermezzo« im »Buch der Lieder«, das ihn 1827 berühmt machte, aber veröffentlicht hat er den Zyklus zum ersten Mal 1823, eingeklemmt zwischen den Tragödien »William Ratcliff« und »Almansor«. Und entstanden ist er 1821 und 1822, als er, unterstützt von seinem Onkel Salomon, Jura in Berlin studierte und im Salon der Rahel Varnhagen verkehrte. Ihr dankt er geradezu überschwenglich in der Vorrede zur zweiten Auflage des »Buchs der Lieder«, »der liebreichen Freundin, die mir immer die unermüdlichste Teilnahme widmete und sich oft nicht wenig für mich ängstigte, in jener Zeit meiner jugendlichen Übermüten, als die Flamme der Wahrheit mich mehr erhitzte als erleuchtete ...«

Das vierundzwanzigste Gedicht hat er unbezweifelbar erhitzt geschrieben, an schmerzlicher Erleuchtung mangelt es ihm dennoch nicht. Denn »sie« spricht er nicht bloß vage an, »sie« bleiben für keinen Augenblick anonym. Indem er sie nennt, erkennt er sie: es sind jene, die er herausgefordert hat, die Spießer, die Kleinmütigen, die Neider; jene, die der Freiheit seiner Liebe mißtrauen; jene, die ihre intellektuelle Enge für Patriotismus halten; jene, die ihn spüren lassen, daß er anders, daß er ein Jude ist. Jene, die nie ihm direkt nachstellen, sondern seine Nächsten plagen, um ihn zu treffen.

Seine Liebste zum Beispiel. Die verwirren sie mit Gerüchten und Gerede und verderben ihre Liebe zu ihm. »Sie nannten mich den Bösen / Und du hast alles geglaubt.« Der Böse, der Satansbraten. Das ist ein rechtes Christenwort gegen den Juden – und du hast alles *geglaubt*. Wer diesen leise tremolierenden Vers nachdenklich wiederholt, dem wird klar, welch enorme Last die flinken Heineschen Wörter oft mit sich schleppen. (In Berlin arbeitete er im übrigen eine Weile im Verein für Kultur und Wissenschaft der Juden mit.)

Da sein Mädchen den anderen und nicht ihm glaubt, muß er ihr auch demonstrieren, weshalb – und also schlägt er eine Heinesche Volte. Zuvor kann er ihnen nicht mehr kommen. Das nicht. Doch überlisten, übertrumpfen kann er sie, die »ein großes Wesen« mit gemeinen Sätzen machten, allemal. In seinem Lied und mit ihm ist er ihnen

»überlegen«: »Doch was meine Seele gequälet / Das haben sie nicht gesagt.« Was er ihnen am Ende offenbart, haben sie auch nicht erwartet.

Er geht ins Feuer, ehe es jene, die ihm nachstellen, entfachen. Das ist eine alte bittere Geschichte. Für sie hat keiner so süße Weisen gefunden wie Heinrich Heine. Je vertrauter sie uns werden, um so mehr schmerzen sie uns. Und darum hat der gescheite Robert Schumann dieses Lied nicht vertont, denn er hörte genau hin, als der freche Junge an die Rampe trat und seiner Liebsten wie seinem Publikum erklärte:

> *Das Schlimmste und das Dümmste,*
> *Das trug ich geheim in der Brust.*

Ein Jüngling liebt ein Mädchen

Ein Jüngling liebt ein Mädchen,
Die hat einen andern erwählt;
Der andre liebt eine andre,
Und hat sich mit dieser vermählt.

Das Mädchen heiratet aus Ärger
Den ersten besten Mann,
Der ihr in den Weg gelaufen;
Der Jüngling ist übel dran.

Es ist eine alte Geschichte,
Doch bleibt sie immer neu;
Und wem sie just passieret,
Dem bricht das Herz entzwei.

Marcel Reich-Ranicki

Die alte Geschichte

Heine, der Panerotiker, dem man gerne nachsagt, er sei der frivolste deutsche Dichter, war in Wirklichkeit der diskreteste: So wissen wir über die erotischen Erlebnisse, die seinen Versen zugrunde lagen, so gut wie nichts. Zu den wenigen Ausnahmen gehört das Gedicht »Ein Jüngling liebt ein Mädchen« aus dem »Lyrischen Intermezzo«.

Die Sache ist längst geklärt: der junge Heine liebte seine Hamburger Cousine Amalie, die von ihm nichts wissen wollte, da sie in einen anderen verliebt war; dieser wiederum gab einem anderen Mädchen den Vorzug – weshalb die verärgerte Amalie eiligst einen John Friedländer aus Ostpreußen heiratete. Heine ging leer aus und war, wie man sich denken kann, enttäuscht und verbittert. Er hat sich darüber in Briefen an Freunde mehrfach geäußert – nicht sehr ausführlich, doch unmißverständlich.

Das Gedicht erzählt den Vorgang. Aber die Darstellung ist ungewöhnlich. Denn hier wird nicht beschrieben oder geschildert, hier werden nur Mitteilungen aneinandergereiht, hier wird referiert. Noch knapper und sachlicher geht es nicht: Für eine Affäre, in die immerhin fünf Personen verstrickt waren, braucht Heine nur zwei Strophen mit insgesamt acht kurzen Versen. Das poetische Vokabular, von dem er damals, um 1822, reichlich Gebrauch machte, wird vermieden. Hier finden wir kein Mondlicht, keinen Abendglanz, keine Morgensonne und weder Wald noch Flur, weder liebliche Blumen noch schattige Bäume. Nichts erfahren wir über des Mädchens Äugelein und

Wängelein und Händchen klein. Verwendet werden nur die gebräuchlichsten Worte, die Worte des prosaischen Alltags. Der Autor berichtet kühl und gleichgültig – so auffallend kühl und so betont sachlich, daß man gleich vermutet, er möchte etwas verbergen. Die kurzen Feststellungen ergeben einen Duktus, den man später Telegrammstil nennen wird. Was sie zur Folge haben, dafür hat die deutsche Sprache (ein interessanter Umstand!) kein Wort zur Verfügung. Wir müssen uns mit einem Fremdwort behelfen: Understatement. Das Fazit macht dann ganz deutlich: In den beiden informierenden Strophen haben wir es mit einem schreienden Understatement zu tun.

Diese Geschichte sei alt und banal, doch gleichwohl neu – für jenen nämlich, der sie erleben muß. Denn der Schmerz verdrängt alle anderen Regungen. Und die Tatsache, daß Millionen ähnliches erlitten haben und gleichzeitig erleiden, ist kein Trost. Wen es betrifft, richtiger: trifft, dem (erst jetzt gibt es als Schlußakkord ein poetisches Bild) bricht das Herz entzwei. Den harten männlichen Reimen, die die Ordnung vortäuschen (erwählt – vermählt, Mann – dran), folgt in der dritten Strophe nur ein Halbreim. Wenn ihm aber daran gelegen wäre, dann hätte Heine einen reinen Reim auf »neu« schon gefunden. Aber hier wollte er den unreinen, eben den Halbreim haben. Das Reimwort, das er wählt – »entzwei« – klingt wie ein Verzweiflungsruf: Es lehnt sich gegen die Harmonie auf.

Der erste Vers der letzten Strophe ist übrigens ein Selbstzitat: Im Brief an einen Freund, dem er über Amalie schrieb, bezeichnete er sie als »die Klippe, woran mein Verstand gescheitert ist«. Und fügte hinzu: »Es ist eine alte Geschichte«. Gescheitert? Ja, denn die Liebe »sieht mit dem Gemüt, nicht mit den Augen. Und ihr Gemüt kann nie zum Urteil taugen«. Das stammt von jenem, dessen Werk Heine »das weltliche Evangelium« nannte: von Shakespeare.

Von den vielen Komponisten, die Heines Lieder vertont haben, gebührt Robert Schumann die Palme. Doch das Gedicht »Ein Jüngling liebt ein Mädchen« (wohl nur dieses einzige) hat er leider mißverstanden. Das Tempo dieses Liedes hat er nicht bestimmt, so daß es stets flott und munter gesungen wird – und es läßt sich gar nicht anders singen. Den düsteren, den alarmierenden Hintergrund hören wir sowenig wie den Aufschrei des Liebenden. Die zwischen den Zeilen verborgene Dramatik hat Schumann übersehen. Da hilft auch nicht das Ritardando bei »wem sie just passieret«. Nach den letzten Worten kehrt die Begleitung sofort zum ursprünglichen Zeitmaß zurück, dem raschen, dem heiteren. Schumann hat viele Gedichte Heines noch schöner und noch reicher gemacht, dieses jedoch ärmer. Aber es ist vollkommen – ohne Musik.

Die alten, bösen Lieder

Die alten, bösen Lieder,
Die Träume schlimm und arg,
Die laßt uns jetzt begraben,
Holt einen großen Sarg.

Hinein leg ich gar Manches,
Doch sag ich noch nicht was;
Der Sarg muß sein noch größer
Wies Heidelberger Faß.

Und holt eine Totenbahre,
Von Brettern fest und dick:
Auch muß sie sein noch länger
Als wie zu Mainz die Brück.

Und holt mir auch zwölf Riesen,
Die müssen noch stärker sein
Als wie der heilge Christoph
Im Dom zu Köln am Rhein.

Die sollen den Sarg forttragen
Und senken ins Meer hinab,
Denn solchem großen Sarge
Gebührt ein großes Grab.

Wißt ihr, warum der Sarg wohl
So groß und schwer mag sein?
Ich legt auch meine Liebe
Und meinen Schmerz hinein.

Hans J. Fröhlich

Manches ohne Reim

Meine Klassenkameraden spielten Indianer oder Fußball, bastelten Stukas oder sammelten Granatsplitter. Ich komponierte. Mit zehn schrieb ich kleine Stücke für Klavier, die ich vor jedermann sorgfältig versteckte; denn Komponieren war eine verbotene Freude. Mit zwölf fing ich an, Lieder zu schreiben. Texte zu finden, die mir gefielen, war nicht einfach. Die Gedichte im Lesebuch schienen mir ungeeignet, und die väterliche Bibliothek, mit den goldenen Klassiker-Ausgaben und dem lyrischen Hausschatz gab es nicht mehr. Sie war 1943 mit unserer Wohnung und allem Inventar durch eine Sprengbombe zerstört worden.
Aber ich besaß ein romantisches Lieder-Album. Darin fand ich auch dieses Heine-Gedicht, vertont von Robert Schumann. Es gefiel mir so sehr, daß ich es gleich noch einmal vertonen wollte, ganz anders als Schumann, nicht in esoterischem cis-Moll, sondern in dunklem a-Moll. Über einem Passacaglia-Thema im Klavier mit vollgriffigen Akkorden erfand ich eine chromatisch sich windende Melodie, die – wie ich meinte – den Text schaurig-schön illustrierte.
Was mich an dem Gedicht faszinierte, ohne daß ich es richtig verstand, war der von Strophe zu Strophe größer und schwerer werdende Sarg. (Ich war in dem Alter, wo mich alles anzog, was mit Tod und Grab zusammenhing.) Es schien mir vollkommen einleuchtend, daß ein solcher Sarg, größer als das Heidelberger Faß, länger als die Brücke zu Mainz, von zwölf Riesen getragen werden

mußte. Nur hinsichtlich des Sarginhalts war ich mir nicht recht im klaren.

In der ersten Strophe heißt es, die »alten, bösen Lieder« sollten begraben werden, die »Träume schlimm und arg«. Daß man gewisse Träume begraben müsse, hatte ich die Erwachsenen schon sagen hören. Sie meinten damit aber weniger die schlimmen als die angenehmen. Aber – Lieder begraben?

In der zweiten Strophe gibt sich der Dichter geheimnisvoll, erwähnt nur, daß er »gar Manches« in den Sarg hineinlegen will, ohne mit der Sprache herauszurücken. Da blieb viel Spielraum für die Phantasie, auch die musikalische, und mit einer Septime abwärts (statt, wie bei Schumann, einer Sext aufwärts) glaubte ich »Manches« vieldeutig ausgedrückt zu haben. Daß die zwei Schlußzeilen des Gedichts des Rätsels Lösung bringen, habe ich erst später begriffen. Das ironisch gesetzte Wörtchen »auch«, durch das der wahre Inhalt des Sarges heruntergespielt wird, habe ich in seiner Bedeutung verkannt. Für mich waren Liebe und Schmerz lediglich Grabbeigaben, die den durch »gar Manches« riesigschweren Sarg nur um weniges noch schwerer machten.

Weiß ich es heute besser? Ich habe meine alten Lieder nicht begraben; sie verschwanden einfach. Doch immer, wenn ich dieses Gedicht lese, fällt mir sofort wieder diese chromatische Melodie zu den Worten ein. Was ich inzwischen weiß, was ich nun verstehe: daß Heine die bösen Lieder wie die schlimmen Träume, die ja seine Lieder und seine Träume waren, von der Liebe und dem Schmerz gar nicht trennen konnte; daß also nicht »Manches«, sondern »Alles« in diesen Sarg hineingelegt werden sollte; daß das Gedicht selber der Sarg war, in dem alles Platz hat; daß

Heine sich in und mit diesem Gedicht von seinen alten Schmerzen und damit von der bösen Poesie lossagen wollte, weil »in schönen Versen allzu viel gelogen worden« sei; daß er aber zugleich wußte: »Was ich liebe, liebe ich für immer.«

Heine beschreibt nicht die Größe seiner Leiden. Er gibt nur die Maße und das Gewicht des Sarges an, in den er seine Liebe und seinen Schmerz hineinlegen will, für die es in diesem Gedicht, wie für »Lieder« und »Manches«, keinen Reim gibt.

Im Rhein, im schönen Strome

Im Rhein, im schönen Strome,
Da spiegelt sich in den Welln,
Mit seinem großen Dome,
Das große, heilige Köln.

Im Dom da steht ein Bildnis,
Auf goldenem Leder gemalt;
In meines Lebens Wildnis
Hats freundlich hineingestrahlt.

Es schweben Blumen und Englein
Um unsre liebe Frau;
Die Augen, die Lippen, die Wänglein,
Die gleichen der Liebsten genau.

Paul Michael Lützeler

Die Lippen der liebsten Frau

Etwas allzu larmoyant hatte Schiller in seinem Gedicht »Die Götter Griechenlands« sein Leid über den Verlust von Sinnenfreude, Schönheit, Grazie geklagt: all das sei mit dem Untergang der weltfrohen hellenischen Götterwelt dahin, all das habe vor der düster-ernsten Jammertal-Religion des Christentums weichen müssen. Schiller gab sich als Kind von schicksalhafter Traurigkeit: *Ja, sie kehrten heim, und alles Schöne, / alles Hohe nahmen sie mit fort, / Alle Farben, alle Lebenstöne, / Und uns blieb nur das entseelte Wort.*

Als Rheinländer, Jude und Protestant mit Aufenthalten im weltstädtischen Hamburg und Besuchen in Berliner Salons wie dem von Rahel Levin erlebte schon der frühe Heine einen Kosmopolitismus, den sich der junge Schiller, Zögling einer schwäbisch-militärischen Pflanzschule, nur literarisch imaginieren konnte. Heines kurze Verse scheinen Schillers langes Gedicht widerlegen zu wollen. Der Rhein ist »schön«, der Dom ist »groß«, und Köln ist »heilig«. Hat sich antikisch Schönes, Hohes in die rheinische Metropole verirrt? Oder hat es sich dort erhalten? Immerhin war sie jahrhundertelang Hauptstadt einer römischen Provinz. Gibt es gar farbige Lebenstöne im Dom der Christen? Das »Bildnis« dort strahlt «freundlich« in des »Lebens Wildnis«. Und auch »Blumen und Englein« symbolisieren nicht gerade »das entseelte Wort«.

Der Dom, der Rhein, die Wellen, die Madonnen sind Gemeinplätze in den Versen der Zeit; die hätten auch fromme

Nazarener und rheinbegeisterte Romantiker besingen können. Bei einem Eichendorff oder Brentano spalten sich Christentum und Antike in Reihungen wie Heiliges und Sinnliches, Keusches und Nacktes, Jungfrau und Venus, Altarikone und Marmorstatue. Heine jedoch bringt all das (Schiller zu Trotz) wieder zusammen: Das Bild »unsrer lieben Frau« ist auf »meines Lebens Wildnis« bezogen; Göttliches und Animalisches, kommen in der Verbindung vom »goldenen Leder« zusammen, und »die Augen, die Lippen, die Wänglein« der Madonna »gleichen genau« denen »der Liebsten«. Die Geliebte hat etwas gemein mit der Madonna, und die »liebe Frau« wirkt so erotisch, daß sie mit der »Liebsten« assoziiert wird.
Heine hat hier von der europäischen Kultursymbiose wohl mehr erfaßt als seine zeitgenössischen Aufspalter. Vielleicht wollte er mit dem Gedicht auch an die christliche »Frohe Botschaft« erinnern, die davon weiß, daß Göttliches menschlich und Menschliches göttlich wird. Dazu hätte das Gemälde, auf das er anspielt, anregen können. Stefan Lochners »Dombild« (übrigens auf Holz, nicht auf Leder gemalt) von 1450, das offiziell »Altar der Stadtpatrone« heißt, befindet sich seit 1810 im Kölner Dom. Sind die beiden Seitenflügel aufgeklappt, zeigt sich das berühmte Bild der Schutzheiligen der Stadt – samt Gefolge und »Englein« – und die in der Mitte thronende, unnahbar wirkende Himmelskönigin mit dem Jesuskind.
Das Dombild hat aber noch eine entschieden weltlichere Version der »lieben Frau« in petto. Bei zugeklappten Altarflügeln sieht man das Außenbild, eine »Verkündigung Mariä«: Auf der rechten Tafel hält der (mit kühn gespreizten Flügeln ausgestattete) Engel Gabriel brav sein Spruchband hoch, auf dem man das *gratia plena* entziffert; die

linke Tafel zeigt jene Schöne, auf die sich die Verse beziehen dürften. Lochner stellt sie dar mit hüftlangem, wallendem Haar. Zu seiner »lieben Frau« waren vor Heine schon Dürer und Goethe gepilgert. Das Pilgern hat nicht aufgehört. Immer noch soll es Wallfahrer geben, die in Köln das »Bildnis« und die »Liebste« aufsuchen.

Ein Fichtenbaum

Ein Fichtenbaum steht einsam
Im Norden auf kahler Höh.
Ihn schläfert; mit weißer Decke
Umhüllen ihn Eis und Schnee.

Er träumt von einer Palme,
Die, fern im Morgenland,
Einsam und schweigend trauert
Auf brennender Felsenwand.

Wolf Wondratschek

Was träumt die Palme?

Gelobt sei Heinrich Heine, denn er hat sich – wie keine zweite deutsche Dichterseele – vor allem in *verständlichen* Gedichten ausgetobt. Dafür ist er, bis heute, eigentlich eher bestraft worden. Gerade jene Leute, die lieber keine Deutlichkeiten haben mögen (schon gar nicht in der Poesie), rächen sich, daß sie nun plötzlich *auch* verstehen müssen, was gemeint ist. So ist, glücklicherweise, Heine nie zu jenem Marmor erstarrt, der unsere Klassiker für alle Zeiten den nachkommenden Zeiten enthebt. Andersherum wußte er wohl am besten selbst, daß ihn gerade deren Zorn über den eigenen Tod hinaus lebendig halten würde.
Was Geheimnis ist, und unausdeutbar, gelang Heine sanft im Übergang zur Ironie. Groß war er darin, daß er jene deutschen Dunkelheiten vermied, die doch nur der Eitelkeit der Intellektuellen schmeicheln, die alle Engpässe ihres Fühlens, Träumens und Verstehens einölen mit Interpretation; und genau dafür taugt ein so schönes, so schön einfaches Gedicht wie das hier nicht viel. Hat das nicht doch eher ein Kind hingeschrieben, um sich in Reimen zu üben?
Die verkennbare Qualität eines einfachen Gedichts liegt oft nur in einem einzigen Wort, einem Wörtchen gar. Ich liebe, bis zur schieren Bewunderung, dieses eine Wörtchen »trauert« – es macht alles auf eine schwermütige Weise unlogisch. Welche Logik wäre denn auch denkbar? Etwa die, daß einem Erfrierenden der bloße Gedanke zu

verbrennen, für Sekunden wenigstens, doch Erleichterung verschafft?

Der Traum selbst trauert, und Heine hält die Gefühle ausweglos in der Balance. Da träumt der nordische Fichtenbaum nicht frierend davon, eine palmwedelnd freche Kokospalme zu sein, in irgendeiner meerblauen Brise schaukelnd, und wie in Schlagertexten bestückt mit boshaften Affen. Das Land, wo die Zitronen blühen? Der heilende Süden? Nein, er träumt vom brüderlichen Leid und der entsetzlichen Gemeinsamkeit im Schweigen und im Einsamsein; träumt, selbst gequält, doch nur von anderen Qualen.

Die Palme! Wo sie ist, da ist Wasser. Und Wasser ist, wo sie wächst, Luxus. Die Palme ist der Dandy unter den Bäumen, kräftig, wie eine den Himmel peitschende Reitgerte gebogen. Kein Baum strebt so direkt, so elegant hinauf – und scheitert dann so geschmeidig. Während der Fichtenbaum, der meine Phantasie weit weniger erregt, immer wirkt, als warte er eher ganz eisern ab, die Spitze hochgereckt zum Himmel wie ein Dolch, stur, mächtig und düster, da bezaubert die Palme, wie es Roland Barthes ausdrückt, mit »höherer Wirkung«.

Der Fichtenbaum, dessen Rauschen einen Nietzsche nächtelang wachhielt, träumt nicht von seiner Erlösung, nicht einmal von Illusion (die da wären: Strand, Sonne, Meer – wofür die Palme sinnbildlich vereinfacht ja steht). Von allem Luxus, selbst dem einer Oase, wo Palmen bekanntlich gedeihen, im Stich gelassen, trauert er, nicht mehr Mythos, und auch ohne jene verzaubernde Eleganz, der Eleganz eines Einsamen. Ich sehe seinen Stolz, auch seine Demut – und fühle, wie einfach und endgültig tödlich die beiden Welthälften sich zueinanderfügen.

Von diesem Kreis eingeschlossen, findet kein Traum zur Utopie, und kein Gequälter Heilung von der Mühsal, einzeln auszuharren, zu leben und zu leiden. Diese zwei Strophen widerlegen das idealistische Nord-Süd-Gefälle unserer Empfindungen, dieser Süden – ausgedehnt wohlweislich über Italien hinaus bis hinunter und hinüber ins Morgenland – ist eben auch nur die Hölle. Und das erzählt uns Heine so großartig kleinlaut im naivsten Tonfall, wie es eben nur ein Dichter vermag, dem die »deutsche Muse« nicht eine reine, unberührt entrückte, holde Weiblichkeit ist, sondern, wie er es in der Vorrede zur zweiten Auflage vom »Buch der Lieder« zu sagen wagt, »die gute Dirne«.

Das Gedicht als die Bekanntschaft mit dem Sagbaren, bei Heine gar dem Singbaren; der Traum nicht als tröstende Ergänzung zum trostlosen Leiden und Leben, sondern als überraschende Wahrheit; und die Poesie einfach und verständlich statt einfältig hochtrabend – das gefällt mir, das Herabsinken aufs höhere Niveau.

Ich hab im Traum geweinet

*Ich hab im Traum geweinet,
Mir träumte, du lägest im Grab.
Ich wachte auf, und die Träne
Floß noch von der Wange herab.*

*Ich hab im Traum geweinet,
Mir träumt', du verließest mich.
Ich wachte auf, und ich weinte
Noch lange bitterlich.*

*Ich hab im Traum geweinet,
Mir träumte, du bliebest mir gut.
Ich wachte auf, und noch immer
Strömt meine Tränenflut.*

WERNER WEBER

Schattengespräch

»Tragödien, nebst einem lyrischen Intermezzo, von H. Heine«: der Band ist 1823 erschienen. Zum »Intermezzo«, zur Gedichtfolge zwischen den Tragödien »William Ratcliff« und »Almansor«, gehört als Nummer fünfundfünfzig »Ich hab im Traum geweinet«. 1827 erscheint das »Intermezzo« als Teil im »Buch der Lieder«; danach hat das Gedicht »Ich hab im Traum geweinet« den größeren Echoraum. Das Ohr kann nun die Rede prüfen, »wie der Gaumen die Speise schmeckt«.
Heine war Anfang Zwanzig, als er die Strophen schrieb. Eine Strophenfolge, deutlich organisiert und in der Deutlichkeit verwunschen – das gleiche immer anders; ein kalkuliertes Betören. Das ist nicht geklopft wie jenes »Ein Jüngling liebt ein Mädchen, / Die hat einen andern erwählt...«; keine »getrommelten Tränen«. Ein Lied will zu sich kommen; es beschwört sich selber mit immer denselben Gebärden und hält doch den Zweifel aus, was wahrer sei: Schmerzen zu beweinen oder sie zu belachen. Heine, der nicht mogelt, hat im Hinblick auf eine solche Sorte von kleinen, maliziös-sentimentalen Liedern gesprochen. Es seien »nur Variazionen desselben kleinen Themas«. Aber das kleine Thema hat bei den Lesern große Neugier geweckt. Wer war es und wann und wo? Die entsprechenden Geschichten sind bekannt. Nicht gleich bekannt ist Heines Bemerkung (gegenüber Immermann, Lüneburg, 10. Juni 1823): »Es kränkte mich tief und bitter, als ich gestern im Briefe eines Bekannten ersah, wie er sich mein

ganzes poetisches Wesen aus zusammengerafften Histörchen construiren wollte ...« Ich lasse die Histörchen. Das Gedicht hat eigene Kompetenz. (Bei Valéry heißt das: *l'œuvre est l'œuvre*.)
Drei Strophen, jede von ihnen zur Hälfte besetzt mit einer gleichsinnigen, gleichlautenden Folge: »Ich hab im Traum geweinet«; »mir träumte«; »ich wachte auf«. Durch die refrainartige Wiederholung verliert der Vorgang – wenn das Ohr die Rede prüft, wie der Gaumen die Speise schmeckt – seine Delikatesse. Doch gerade da nimmt das Besondere seinen Anfang. Das Weinen – »Ich hab im Traum geweinet« –, so noch schematisch angeflogen, wird beseelt, von Strophe zu Strophe, durch wunderbar erwogene Variationen einfacher Redensart: »die Träne / Floß noch von der Wange herab«; »ich weinte / Noch lange bitterlich«; »noch immer / Strömt meine Tränenflut«. Und die unsinnlichen temporalen Elemente – »noch«, »noch lange«, »noch immer« – verlängern die Sinnlichkeit der im Traum erfahrenen Ereignisse in den Tag, ins Wachsein hinein. Aber nur bedingt in den gegenwärtigen Tag, ins gegenwärtige Wachsein; alles bleibt von Flören des Präteritums umspielt, als wäre bare Gegenwärtigkeit nicht auszuhalten. Es sind geträumte Möglichkeiten von Verlust, stillschweigend von verbitterter Hoffnung auf Glück umgeben – im geträumten »du bliebest mir gut« (andere Fassung: »du wärst mir noch gut«) die wehe Gegenstimme: du bleibst mir gut, du bist mir gut. Da ist dann das Weinen nicht nur Sache des Traums, keine Gebärde des Es war Einmal; es ist Gegenwart, die das Gedicht bis zu diesem Schluß versteckt hat: »und noch immer / Strömt meine Tränenflut«.
Am 14. April 1822 hat Heine an seinen Freund Christian

Sethe geschrieben, er habe sich in schlafloser Nacht alles aufgezählt, was er liebe, und da sei als »Nr. 1« ein weiblicher Schatten, der jetzt nur noch in seinen Gedichten lebe. Zu Heines Schattengesprächen gehört das Gedicht »Ich hab im Traum geweinet«. Es gibt sich wie ein Volkslied, Marke »Wunderhorn«; oder mitbestimmt durch den Ton des »reisenden Waldhornisten« Wilhelm Müller, dessen Liedern Heine »jugendliche Ursprünglichkeit« nachrühmte. Aber Heine weiß, daß er seinen eigenen Liedern gerade das – »jugendliche Ursprünglichkeit« – nicht nachrühmen kann; für sie gilt das Gegenteil: Artistik, in unvergleichlichem Wechsel des Tons von süßem, leidenschaftlichem Singen bis zum trotzig-ironischen Nennen. Bei Robert Schumann, op. 48, 1840 – »Dichterliebe« –, ist manches davon zu hören; dort die Nummer 13: »Ich hab im Traum geweinet«. Ein Schattengespräch in Musik.

Die Loreley

Ich weiß nicht was soll es bedeuten,
Daß ich so traurig bin;
Ein Märchen aus alten Zeiten,
Das kommt mir nicht aus dem Sinn.

Die Luft ist kühl und es dunkelt,
Und ruhig fließt der Rhein:
Der Gipfel des Berges funkelt
Im Abendsonnenschein.

Die schönste Jungfrau sitzet
Dort oben wunderbar;
Ihr goldnes Geschmeide blitzet,
Sie kämmt ihr goldenes Haar.

Sie kämmt es mit goldenem Kamme
Und singt ein Lied dabei;
Das hat eine wundersame,
Gewaltige Melodei.

Den Schiffer im kleinen Schiffe
Ergreift es mit wildem Weh;
Er schaut nicht die Felsenriffe,
Er schaut nur hinauf in die Höh.

Ich glaube, die Wellen verschlingen
Am Ende Schiffer und Kahn;
Und das hat mit ihrem Singen
Die Lore-Ley getan.

Hans-Ulrich Treichel

Warum so traurig?

Es ist das berühmteste Gedicht Heinrich Heines, und so manchem klingt der 1824 erstmals publizierte Text gar wie ein althergebrachtes Volkslied in den Ohren und nicht wie das Werk eines im französischen Exil gestorbenen Intellektuellen und Dichters. Die Vertonung durch Friedrich Silcher (1837), dem wir auch das »Ännchen von Tharau« zu verdanken haben, hat das Ihrige beigetragen, diesen Eindruck noch zu verstärken.

Wir wissen nicht, was Heine selbst dazu gesagt hätte, wäre einmal, vielleicht während eines Spazierganges am Rheinufer, ein Ausflugsdampfer mit Männergesangverein an ihm vorbeigefahren und hätte das »Ich weiß nicht, was soll es bedeuten« so süß und sentimental zu ihm herübergeweht. Wahrscheinlich hätte er einen spöttischen Vers darauf verfaßt, vielleicht aber wäre er auch ein wenig gerührt und zugleich beschämt gewesen von der Tatsache, daß ihn ausgerechnet die nicht einmal von ihm selbst, sondern von Clemens Brentano im Jahre 1800 erfundene sirenenhafte Jungfrau namens Lore Lay zum deutschen Volksschriftsteller gemacht hat, dessen Gedicht man nun von allen Dächern pfeift.

Nicht gerührt, sondern höchst irritiert hätte ihn allerdings das unter anderen auch von Theodor W. Adorno kolportierte Gerücht, daß ausgerechnet die Nazis ihn »beinahe zu Ehren« brachten, »als sie unter die Loreley jenes berühmt gewordene ›Dichter unbekannt‹ setzten« und damit Heines Verse als Volkslied »sanktionierten«. Für den

Wahrheitsgehalt dieses Gerüchts fehlt bis heute jeder Beleg. Und selbst wenn sich ein solcher eines Tages finden ließe: ein Volkslied ist Heines Loreley nicht. Und schon gar keines mit Blut-und-Boden-Haftung.
Gewiß ist der Text sentimental, und so manchen mag auch ein wohliger und symbiosefreudiger Schauder überkommen, wenn er sich in die Rolle des Schiffers versetzt, der der erotisch-musikalischen Verlockung nicht widerstehen kann und darum untergeht. Insofern ließen sich »die alten Zeiten« sogar als die *guten* alten Zeiten verstehen, in denen man nicht nur verlockt und verführt, sondern darüber hinaus auch noch »verschlungen« wird.
Derartige sinnliche Überwältigungen sind heutzutage und waren auch schon zu Heines Zeiten so leicht nicht mehr zu haben. Ersehnt wurden sie freilich damals wie heute. Und darum ist auch die (von der Heine-Forschung bis heute nicht restlos geklärte) Frage nach der Traurigkeit des Dichters nur höchst unzureichend beantwortet, wenn man das Gedicht entweder biographisch deutet und auf Heines unglückliche Liebe zu seiner Cousine Amalie verweist oder aber die Loreley zur Verkörperung des deutschen Wesens erklärt, an dem der Jude Heine irre geworden und an dem er letztlich zugrunde gegangen ist. Damit täte man dem lockigen Blondhaar und dem, was es repräsentiert, wohl doch zuviel Ehre an.
Warum also ist der Dichter der Loreley »so traurig«? Sicherlich wegen Amalie, und sicherlich auch, weil er an seinem Vaterland leidet. Aber vielleicht mehr noch, weil die alten Märchen mit ihren schönen Jungfrauen, gewaltigen Melodien und vielversprechenden Katastrophen nur noch um den Preis zu haben sind, daß sie entweder ironisch unterminiert werden oder aber von Friedrich Silcher vertont.

Sei mir gegrüsst

Sei mir gegrüßt, du große,
Geheimnisvolle Stadt,
Die einst in ihrem Schoße
Mein Liebchen umschlossen hat.

Sagt an, ihr Türme und Tore,
Wo ist die Liebste mein?
Euch hab ich sie anvertrauet,
Ihr solltet mir Bürge sein.

Unschuldig sind die Türme,
Sie konnten nicht von der Stell,
Als Liebchen mit Koffern und Schachteln
Die Stadt verlassen so schnell.

Die Tore jedoch, die ließen
Mein Liebchen entwischen gar still;
Ein Tor ist immer willig,
Wenn eine Törin will.

Peter Härtling

Keine Heimkehr

1823 und 1824 schrieb Heinrich Heine seinen Zyklus »Die Heimkehr«; drei Jahre später nahm er ihn in seine erste Gedichtsammlung, »Buch der Lieder«, auf. Damals lebte und studierte er in Göttingen und Berlin, beobachtete, provozierte und dichtete. Die Frage, ob er heimkehren wolle, hätte ihn verblüfft und aufgebracht. Wohin? Nach Düsseldorf zog ihn nichts, und Hamburg war ihm, trotz des hilfreichen Onkels Salomon, verleidet: Dort hatte ihm Kusine Amalie, sein »goldener Stern«, unlängst den Korb gegeben. Das hinderte ihn nicht daran, ihr mit Gedichten weiter nachzustellen. Er dichtete sie um und neu. Was scherte ihn ihre abweisende Boshaftigkeit in der Realität, wenn er sie ihr in der Poesie mühelos austreiben konnte. Oder wenn es ihm gelang, ihre Abwesenheit kunstvoll zu beklagen.

Es ist eine bereits erprobte Geschichte. Der Siebzehnjährige hatte einem Freund geschrieben: »Ich bin ein wahnsinniger Schachspieler. Schon beim ersten Stein habe ich die Königin verloren, und doch spiele ich noch, spiele um die Königin.« Da offenbart er das Muster, nach dem er lebt und dichtet. Nur fehlt noch eine wesentliche Farbe: die der Ironie. Sie wird ihm helfen, das Exemplarische vom Biographischen zu lösen und für seine Lieder eine ebenso betörende wie aufsässige Musik zu finden.

»Sei mir gegrüßt« steht als 17. Stück in dem Zyklus. Ihn erwartet die Stadt seiner einstigen Liebe. Seine Stadt kann es nicht mehr ganz sein. Sie hat sich in der Erinnerung von ihm entfernt, erscheint ihm »geheimnisvoll«. Jetzt, indem er sie wiedersieht und begrüßt, erkennt er sie anders, empfängt sie ihn als alte und vergeßliche Mutter, die sein Liebchen im Schoß bewahrt und zur Welt gebracht hat. Ein Stadtkind. Ein Straßenmädchen? Er spielt an und spielt ihr auf diese Weise mit. Immerhin hat er sie in der Obhut der Stadt gelassen, hat sie Türmen und Toren anvertraut.

Unmerklich beginnen, als reagierten sie auf ein leises Beben, die Bedeutungen zu verrutschen. Die Wirklichkeiten, denen der Heimkehrer (den er ohnehin nur spielt) schon ehedem mißtraute, verlieren ihren Halt. Die Türme und die Tore beleben sich. Sein Lied weckt sie, damit er mit ihnen rechten kann. Es fehlt nicht viel, und er gibt ihnen Namen. »Ihr solltet mir Bürge sein.« Sie konnten nicht von der Stelle, als sein Liebchen sich auf und davon machte, die »Bürgen«, die Bürger.

In der letzten Strophe nimmt das Tempo zu. Nicht nur die Bedeutungen hüpfen; die beiden Vokale, O und I, führen sich geradezu wie Rausschmeißer auf – bis der Umlaut sie wehmütig aufhält: »Wenn eine Törin will.« Und ein sonderbarer Zug zieht nicht in die Stadt ein, sondern verläßt sie, wandert dem Liebchen nach: Der Zorn hakt beim Sarkasmus unter, die Trauer bei der Melancholie.

In dem Zyklus variiert Heine das Thema Heimkehrer, Liebste, Stadt vielfach. Er beklagt und besingt, höhnt und rühmt, spielt und spiegelt, und einmal, im 20. Stück, gibt er sich und seinen Zustand preis. Die Bühne Stadt bekommt Tiefe, die lyrische Erzählung ein Echo. Der Heimkehrer spaltet sich und sieht sich zu in seiner Qual, seiner Fremde. Das wandlungsreiche Ich wird benannt: *Da steht auch ein Mensch und starrt in die Höhe, / Und ringt die*

Hände, vor Schmerzensgewalt. Das ist ein bisher ungehörter Tonfall, so, als würde eine Passionsmusik angestimmt.

»Die Heimkehr«, das lernte der junge Heine dichtend, kann nie mehr als eine Möglichkeit sein, denn wer einen Ort verließ und später zurückkommt, hat sich verändert und der Ort auch. Das Tor und die Törin. Das eine bleibt, die andere geht. Am Ende des Gedichtkreises wird die Frage nach dem Liebsten bloß noch gestellt, damit der Schmerz ein Ende habe:

> *Jene Flammen sind erloschen,*
> *Und mein Herz ist kalt und trübe,*
> *Und dies Büchlein ist die Urne*
> *Mit der Asche meiner Liebe.*

Mein Herz, mein Herz ist traurig

*Mein Herz, mein Herz ist traurig,
Doch lustig leuchtet der Mai;
Ich stehe, gelehnt an der Linde,
Hoch auf der alten Bastei.*

*Da drunten fließt der blaue
Stadtgraben in stiller Ruh;
Ein Knabe fährt im Kahne,
Und angelt und pfeift dazu.*

*Jenseits erheben sich freundlich,
In winziger, bunter Gestalt,
Lusthäuser, und Gärten, und Menschen,
und Ochsen, und Wiesen, und Wald.*

*Die Mägde bleichen Wäsche,
Und springen im Gras herum:
Das Mühlrad stäubt Diamanten,
Ich höre sein fernes Gesumm.*

*Am alten grauen Turme
Ein Schilderhäuschen steht;
Ein rotgeröckter Bursche
Dort auf und nieder geht.*

*Er spielt mit seiner Flinte,
Die funkelt im Sonnenrot,
Er präsentiert und schultert –
Ich wollt, er schösse mich tot.*

Hans-Ulrich Treichel

Absolut negativ

Fast scheint es, als blicke der dort oben »an der Linde« Gelehnte (der mit einem gewissen grammatikalischen Recht auch an *die* Linde hätte gelehnt sein können) nicht auf eine wirkliche Szenerie, sondern als blättere er bloß in einem Bilderalbum mit dem Titel »Romantische Ansichten«. Und darum würden wir dieses Gedicht, das zu den bekanntesten des Autors gehört und gleich nach der Loreley seinen Platz im Zyklus »Die Heimkehr« in Heines »Buch der Lieder« gefunden hat, wohl auch nur als konventionelles, wenn nicht gar kitschiges und verlogenes Genrebildchen beiseite legen, gäbe es nicht die Schlußzeile des Textes, auf die alles hinausläuft und ohne die wir es mit einem allzu idyllisch gemalten Landschaftsbild zu tun hätten. Erst der so kühl und lakonisch ausgesprochene Todeswunsch des lyrischen Ich macht die Idylle überhaupt erträglich, indem er der klischeehaften Anordnung von Mensch und Vieh, von Natur und kleinstädtischer Welt den Todesstoß gewissermaßen gleich mit versetzt.
Allerdings ist diese heile Welt, auf die der Todessehnsüchtige blickt und in der manche Interpreten eine Ansicht Lüneburgs vermuten, auch vorher schon nicht ganz so heil und kitschig-vollkommen, wie es auf den ersten Blick scheint. Speziell der Stadtgraben, der »blau« wie das Mittelmeer ist und zudem noch »fließt« wie der Rhein, verleiht der romantischen Ansicht durchaus irreale Züge und erweist sich darüber hinaus für das Metrum und den Fluß des Gedichts eher als Staustufe denn als Katalysator. Doch

auch der so anmutige und wohlgemute Knabe im Kahn zeigt sich bei näherem Hinschauen als ein nervöser und hyperaktiver Mensch, der zu viele Dinge gleichzeitig tut und gut beraten wäre, wenn er sich beim Angeln um einiges ruhiger verhielte und aufs Fahren und Pfeifen am besten ganz verzichtete. Daß schließlich die Mühle, die in keiner romantischen Landschaft fehlen darf, ausgerechnet Diamanten «stäubt», verleiht dem ansonsten eher behäbigen Gerät einen Zug von Unerbittlichkeit. Nicht anheimelnd ist diese Mühle, sie macht einen vielmehr frösteln vor so viel zermalmender Energie.

Die Idylle ist also mehr als gestört in dieser wie am Fließband und aus Fertigteilen montierten Welt, denen jede individuelle Gestalt abgeht: »Lusthäuser, und Gärten und Menschen, / Und Ochsen, und Wiesen und Wald.« Und so wundert es nicht, daß auch der so dekorative und farbenfrohe Wachsoldat die Unheimlichkeit eines Spielzeugsoldaten hat, der unter die Menschen geraten ist und vor dem man sich, wie vor allen beseelten Maschinen, in acht nehmen muß. Daß sich ausgerechnet in seinem Gewehr das Sonnenrot spiegelt, ist zum einen dem Reimreflex »rot«-»tot« zu danken, der sich gleichsam automatisch einstellt.

Doch daß der Reimvirtuose Heine sich diesem schlichten Reflex überläßt, ist nicht dichterische Bequemlichkeit oder bloße Konvention. Es ist die Ironie dessen, der seiner Traurigkeit sowenig noch einen individuellen oder gar ›authentischen‹ Ausdruck zutraut wie seinem Wunsch, diese Traurigkeit nicht mehr zu spüren. Darum ist beides, die konventionelle Weltschmerzgeste des Anfangs wie der Todeswunsch am Ende, unlösbar eingespannt in das Bild einer Welt, die aus den Fugen zu geraten droht, weil alles in ihr gewaltsam harmonisch gefügt ist. Es ist zugleich eine Welt, in der sich das lyrische Ich nur noch insofern einrichten kann, als es sein Schicksal einem mechanischen Wesen, einem Pappkameraden überläßt. Das mag ironisch nennen wer will. Ich finde es, mit Kierkegaard gesprochen, absolut negativ.

Das Meer erglänzte weit hinaus

*Das Meer erglänzte weit hinaus
im letzten Abendscheine;
Wir saßen am einsamen Fischerhaus,
Wir saßen stumm und alleine.*

*Der Nebel stieg, das Wasser schwoll,
Die Möwe flog hin und wieder;
Aus deinen Augen, liebevoll,
Fielen die Tränen nieder.*

*Ich sah sie fallen auf deine Hand
Und bin aufs Knie gesunken;
Ich hab von deiner weißen Hand
Die Tränen fortgetrunken.*

*Seit jener Stunde verzehrt sich mein Leib,
Die Seele stirbt vor Sehnen; –
Mich hat das unglückselge Weib
Vergiftet mit ihren Tränen.*

Joseph Anton Kruse

Nordseeliebe

Ein flirrender, verführerischer Glanz auf der Meeresfläche, ein Bündnis der Farbe von Wasser und Himmel. Jeder, der das Meer kennt und liebt, wird seinen eigenen Aussichtspunkt besitzen, von dem aus er der ungebändigten Weite Reverenz erweist. Jeder kennt auch die Verselbständigung von Versen als Ausdruck einer Erfahrung oder Stimmung, losgelöst vom ursprünglichen Zusammenhang. Mir fällt die Anfangszeile dieses XIV. Gedichts aus dem »Heimkehr« –Zyklus im »Buch der Lieder« unweigerlich ein, wenn ich, da sie mir am nächsten und vertrautesten ist, zur holländischen Küste nach Walcheren fahre. Man nähert sich von Domburg aus Westkapelle, erreicht endlich die Höhe des Deiches und ist stets von neuem überwältigt, weil rechter Hand bis zum Horizont das Meer, zumal an heiteren Tagen, nicht einfach glänzt, sondern wirklich weit hinaus »erglänzt«. Nur die erste Zeile ist mir dann jedesmal gegenwärtig und das treffendste Bild für den hellen Tag an der Nordsee.

In Wirklichkeit aber entwirft die Anfangszeile die Staffage für ein Abend- oder besser noch Nachtgedicht. Sie benennt die Unendlichkeit als Grund für die tödliche Liebessehnsucht am Schluß der Strophen. Sie intoniert bereits alle Elemente von Einsamkeit, Schweigen und Traurigkeit, die in der kleinen Geschichte vom Liebespaar am Fischerhaus erzählt werden. Die genaue Zeit, jene Minuten des letzen Lichtes vor Einbruch der Nacht, jener «Abendsonnenschein« aus dem »Loreley«-Gedicht desselben Zyklus, wird als Hinweis für das Bühnenbild gleich in der zweiten Zeile nachgeliefert. Dann noch die beiden ersten Zeilen der zweiten Strophe, die das abendlichnächtliche Meer beschreiben: den aufsteigenden Nebel, die wachsende Flut, die unruhige Möwe. Das stille Meerbild der ersten Strophe gerät in beängstigende bedrohliche Bewegung. Der Rest des Gedichtes gibt die wortlose Liebesgeschichte wieder, eine tränenvolle, aber durchaus nicht tränenselige Geschichte.

Was bei den Liebesgedichten Heines aus seiner deutschen Zeit üblicherweise erwartet wird, das petrarkistische Motiv mit der sich verweigernden, hartherzigen, untreuen Geliebten, hat hier dem ersten Anschein nach einem idealischen, romantischen Liebespaar Platz gemacht. Sie weint in liebevoller Ergriffenheit; er kostet anbetend ihr Tränenpfand und ist anschließend krank vor Liebe. Leib und Seele des Liebhabers trauern dem Mysterium der Begegnung am Meeresstrande nach. Der glücklichste Augenblick der Nähe bedeutet nämlich eher Symbol als wirkliche Erfüllung. Aber die hingebungsvolle Geliebte fungiert selbst hier noch als Zauberin oder »weiße« Nixe. Dem Gleichklang folgen Ruhelosigkeit und Zerstörung. Die Stunde am nächtlichen Meer ist Undine vorbehalten, der liebenden Wasserfee auf der Suche nach einer menschlichen Seele. Der Geliebte hat sich an sie verloren und wird das Leben opfern müssen.

Das Gedicht ist innerhalb der »Heimkehr« nur eine Variation unter mehreren Seebildern, die zumeist während oder nach Heines erster Begegnung mit der Nordsee im Cuxhavener Sommer 1823 entstanden sind und in denen sich mehrfach die Wasserfrauen seiner bemächtigen. Heine hat damals die Nordsee für die deutsche Lyrik entdeckt. Endlich ist er, wie er am 29. Juli 1826 von der Norderneyer Badereise seinem Verleger Julius Campe schreibt, ihr »Hofdichter«. Und in seinem Prosa-»Reisebild« über die Nordsee formuliert er eine subtile Bejahung des Liebesgebots: »Ich liebe das Meer wie meine Seele.« Er folgert schließlich wenige Sätze später: »Denn das Meer ist meine Seele.«

Diese Weise der Identifikation mit Wellen, Sturm, Seeabenteuern und Weite, wie die Nordsee nach seinen eigenen Berichten sich ihm oftmals dargeboten hat, ist der Schlüssel zum Verständnis des Gedichtes. Der Dichter leiht jenem aus dem Element entstiegenen und zur Person gewordenen »unglückselgen Weib« seine Seele. Das ist die zum stummen Dialog gestaltete Metapher für seine durch die Naturerfahrung hervorgerufene schmerzhafte Sehnsucht. Wir stoßen an die Grenzen der Unendlichkeit und können uns doch mit ihr nicht vereinigen. Franz Schubert hat in der Vertonung des Gedichtes ebendieser Unerfüllbarkeit des abgründigen Gefühls solche Klänge verliehen, daß der Text bis zur Rührung mit der Musik verschmilzt; nicht umsonst ist das Lied ein Teil seines »Schwanengesangs«.

Die Jahre kommen und gehen

Die Jahre kommen und gehen,
Geschlechter steigen ins Grab,
Doch nimmer vergeht die Liebe,
Die ich im Herzen hab.

Nur einmal noch möcht ich dich sehen,
Und sinken vor dir aufs Knie,
Und sterbend zu dir sprechen:
Madame, ich liebe Sie!

Wulf Segebrecht

Madame, ich liebe Sie!

Liebende empfinden ihre intimen Beteuerungen, wenn ich recht unterrichtet bin, als höchst poetisch, höchst individuell und höchst einmalig. Zyniker und kalte Analytiker der Herzenssprache behaupten demgegenüber, Liebende flüsterten sich im Prinzip immer dasselbe zu und ihre Schwüre seien eigentlich, genaugenommen, ziemlich banal und trivial.
Heinrich Heines Gedicht bespricht beide Aspekte des gängigen Liebesdiskurses: die vermeintliche Einmaligkeit des individuellen Liebesbekenntnisses und seine offensichtlich komische Kehrseite; das Gedicht realisiert beides: die ewige Trivialität und die ewige Originalität der Sprache der Liebe.
Banaleres als der Anfangsvers kann kaum ausgedacht werden: »Die Jahren kommen und gehen« – je nun, was sonst sollten sie tun, alles ist nun einmal vergänglich. Spätestens das Pathos der zweiten Zeile – »Geschlechter steigen ins Grab« – entlarvt diese Allerweltseinsicht als Binsenweisheit, die nur dazu dient, der These von der Unvergänglichkeit der Liebe den gehörigen topischen Kontrast zu verschaffen. Damit ist das Thema entwickelt: Alles vergeht – was aber bleibet, stiftet (angeblich) die Liebe. Diese antithetische Argumentation ist so unoriginell wie möglich und so typisch wie denkbar. So, mit rechten Belanglosigkeiten und mit falschem Pathos, reden halt die Liebesleut' daher, eh wie je, in der Lyrik wie im Leben.
Diese Rekapitulation üblicher Sprechweisen der Lieben-

den, die zugleich ihre Demaskierung ist, scheint sich in der zweiten Strophe ungehindert fortzusetzen. Daß der Liebende sich danach sehnt, nur ein einziges Mal seine Liebe offenbaren zu dürfen, daß er sogar bereit ist, für diesen einmaligen Lebensaugenblick »aufs Knie« zu sinken und flugs zu sterben, gehört zu den ebenso konventionellen wie komischen und letztlich unlogischen Strategien aller Liebeserklärungen, so ernst sie auch immer gemeint sein mögen. Die behauptete Ewigkeit der Liebe tritt in den Gegensatz zu der ersehnten Einmaligkeit ihrer Erfüllung. Die allgemeine Vergänglichkeit derer, die ins Grab steigen, wird in Wahrheit nicht aufgehoben von demjenigen, der, im Bestreben, sie aufzuhalten, »aufs Knie« sinkt, um sogleich, inmitten der höchsten Seligkeit, zu sterben. Steigen und sinken sind nur zwei Seiten derselben Sache: Sie bezeugen die pathetische Allgegenwärtigkeit der Platitüde: Das Triviale ist immer schon da, wo sich die Liebe öffentlich äußert, gleichgültig, ob es um ihre Ewigkeit geht oder um ihre Einmaligkeit.

Dennoch hat sich von der ersten zur zweiten Strophe etwas verändert. An die Stelle der anonymen Allgemeinplätze der ersten Strophe sind nun direkte Anreden an ein Du getreten, an die Geliebte. Dreimal wird sie so angeredet, wie es in der Liebe ohnehin, in der Lyrik erst recht und in der Liebeslyrik geradezu ausnahmslos die Regel ist: mit dem »Du«. Und erst ganz am Schluß, dort, wo üblicherweise das entscheidende Liebesbekenntnis steht, auf das alles hinausläuft, wechselt Heine die Anredeform und geht zum scheinbar distanzierten »Sie« über. Ist dieses »Sie«, noch dazu an eine »Madame« gerichtet, worunter man sich eine gereifte, vielleicht gar schon verheiratete Frau vorstellen mag, nur eine witzige Pointe, die das Liebesbekenntnis selbst und alles Vorangegangene relativieren oder gar für ungültig erklären will?

Das wäre aber nur eine Lesart der komplizierten Sache, die »Liebe« heißt. Die andere Lesart ergibt sich dann, wenn man die distanzierte »Sie«-Anrede an die Geliebte als den Versuch versteht, die Konventionen der Liebeslyrik, in der undifferenziert geduzt wird, zu durchbrechen und sich der Geliebten mit einer ganz und gar unüblichen, einmaligen, originellen Anrede zuzuwenden. Das Originelle des Liebesgedichts bestünde dann gerade in der Verwendung der Formen der Distanz, während sich die distanzlosen Liebesbeteuerungen als das Konventionelle erwiesen.

Die eine Lesart zuzulassen, ohne die andere auszuschließen – das ist Heines Kunst. »Ich werde nächstens meine Geliebte besingen«, verriet er 1824 stolz einem Göttinger Studienfreund, »so idealistisch wie ich nur kann, werde sie aber immerfort Sie nennen.«

ICH RIEF DEN TEUFEL

Ich rief den Teufel und er kam,
Und ich sah ihn mit Verwundrung an.
Er ist nicht häßlich und ist nicht lahm,
Er ist ein lieber, scharmanter Mann,
Ein Mann in seinen besten Jahren,
Verbindlich und höflich und welterfahren.
Er ist ein gescheuter Diplomat,
Und spricht recht schön über Kirch und Staat.
Blaß ist er etwas, doch ist es kein Wunder,
Sanskrit und Hegel studiert er jetzunder.
Sein Lieblingspoet ist noch immer Fouqué.
Doch will er nicht mehr mit Kritik sich befassen,
Die hat er jetzt gänzlich überlassen
Der teuren Großmutter Hekate.
Er lobte mein juristisches Streben,
Hat früher sich auch damit abgegeben.
Er sagte, meine Freundschaft sei
Ihm nicht zu teuer, und nickte dabei,
Und frug: ob wir uns früher nicht
Schon einmal gesehn beim spanschen Gesandten?
Und als ich recht besah sein Gesicht,
Fand ich in ihm einen alten Bekannten.

Gert Ueding

Ein Mann wie du und ich

»Wo er einen Spaß macht, liegt ein Problem verborgen« – man kann diesen von Goethe auf Lichtenberg gemünzten Satz in den meisten Fällen auch auf Heinrich Heine umadressieren; beide Schriftsteller handhaben das Salz des Witzes in gleicher Weise scharf, funkelnd und tiefgründig. Das 1824 vermutlich in Berlin entstandene Gedicht hat sein Autor selbst wenig hochgeschätzt, es sogar »unbedeutend« genannt und für den Erstabdruck »durchaus kein Honorar« verlangt; ins »Buch der Lieder« hat es aber immerhin Eingang gefunden.

Auf den ersten Blick wirkt das Gedicht nicht anders, als es bisher – ohne je größere Aufmerksamkeit zu erwecken – auch aufgefaßt wurde: nämlich als lyrische Spottrede über den zeitgenössischen Literaturbetrieb vor allem Berlins, der trotz aller modernen Maskerade immer noch der romantisierenden Mode eines Fouqué anhängt; nur ist es gerade *en vogue*, bei Professor Bopp Sanskrit und seinem Kollegen Hegel Philosophie der Weltgeschichte zu studieren, doch die einheimische Provinzialität wird dadurch nicht berührt. Auch die Anspielung auf »Hekate«, ein literaturkritisches Wochenblatt der Zeit, verstärkt den literaturkritischen Charakter des Gedichts, von dem sich denn prompt auch dessen Herausgeber, der Schauerdramatiker Adolf Müllner, persönlich karikiert fühlte.

Das alles gehört zum Spaß unseres Spottvogels Heine. Und die tiefere Bedeutung? Sie wird schon mit dem ersten Vers annonciert und läuft dann, so unauffällig wie der

Protagonist des Gedichts, beiher. Denn natürlich denkt der Leser, dachte auch Heine, an die berühmteste Teufelsbeschwörung der deutschen Literatur: die der Faust-Stoff überliefert hat. Einen zweiten Hinweis liefern die Studienvorlieben des kommoden teuflischen Gefährten, sie stimmen mit denen des Autors überein, der aus jenen Eindrücken seiner Berliner Zeit später literarisch und politisch sehr weitreichende Folgen gezogen hat. Und drittens hat Heine auch seinem räsonierenden Ich eigene Züge gegeben: »Er lobte mein juristisches Streben«, heißt es im fünfzehnten Vers unmißverständlich.

Das Böse also wird in diesem Gedicht recht alltäglich gesehen. Der Teufel, ein Mann wie du und ich (»Ihr seht einen Mann wie andre mehr«, sagt Goethes Mephisto), hat keinerlei abstoßende Züge, er ist Abkömmling eines optimistischen Jahrhunderts, das ihn nur noch als eine abgetakelte Gestalt begreifen kann, der alles Widersacherische abgeht, von Nachtgrauen und Satanischem keine Spur. »Der Teufel ist eine schlechte, ästhetisch unbrauchbare Figur«, dekretierte der preußische Staatsphilosoph Hegel gar, womit auch des Teufels Austreibung aus der Kunst beschlossene Sache war.

Unglaube und Säkularisierung, die Reduktion des Bösen und Verbrecherischen auf einen Defekt der Seele oder der Gesellschaft, hatten indes eine höchst dubiose Folge: Das bisher mit dem Teufel illustrierte Unheil, die von ihm gemeinte Unmenschlichkeit und Immoralität sind nicht mit dem mythologischen Bild zugleich entzaubert, gar verschwunden, sondern lebendiger und tätiger denn je. Dem Teufel, so kann man den paradoxen Sachverhalt ausdrükken, konnte man keinen besseren Gefallen tun, als ihn zu leugnen, anonym betreibt er ja seine Geschäfte aufs erfolgreichste. Ganz so wie Heines Diplomat mit dem blassen Gesicht, der sich in den Hörsälen ebensogut auskennt wie auf dem literarischen Markt, über Kirche und Staat gewandt parliert und beim spanischen Gesandten verkehrt.

Das Gedicht steht mit einigen anderen in einem kleinen Zyklus, und bei Heines Neigung zu dieser Kompositionsform darf man bei der Interpretation die Nachbargedichte nicht außer acht lassen. Und wirklich folgt auf unser Gedicht ein zweistrophiges Poem, das in den Versen kulminiert: »*Und die ewige Verdammnis / Ist kein bloßer Pöbelwahn*. Womit nun auch die letzte Frage beantwortet werden kann: Den »alten Bekannten«, den der verblüffte Teufelsbeschwörer zuletzt im Gesicht des vorgeblichen Diplomaten und Allerweltskerls wiedererkennt, dürfen auch wir getrost mit dem satanischen Unheilbringer identifizieren, der das größte Interesse daran hat, nicht mehr als metaphysischer Ernstfall, sondern als trivialer Allerweltsfreund der menschlichen Geschichte zu gelten.

Mein Kind, wir waren Kinder

Mein Kind, wir waren Kinder,
Zwei Kinder, klein und froh;
Wir krochen ins Hühnerhäuschen,
Versteckten uns unter das Stroh.

Wir krähten wie die Hähne,
Und kamen Leute vorbei –
Kikereküh! sie glaubten,
Es wäre Hahnengeschrei.

Die Kisten auf unserem Hofe,
Die tapezierten wir aus,
Und wohnten drin beisammen,
Und machten ein vornehmes Haus.

Des Nachbars alte Katze
Kam öfters zum Besuch;
Wir machten ihr Bückling und Knickse
Und Komplimente genug.

Wir haben nach ihrem Befinden
Besorglich und freundlich gefragt;
Wir haben seitdem dasselbe
Mancher alten Katze gesagt.

Wir saßen auch oft und sprachen
Vernünftig, wie alte Leut,
Und klagten, wie alles besser
Gewesen zu unserer Zeit;

*Wie Lieb und Treu und Glauben
Verschwunden aus der Welt,
Und wie so teuer der Kaffee,
Und wie so rar das Geld! ---*

*Vorbei sind die Kinderspiele,
Und alles rollt vorbei –
Das Geld und die Welt und die Zeiten,
Und Glauben und Lieb und Treu.*

GUNTRAM VESPER

Das erste Gedicht

In den trüben trostlosen Jahren des Nachkriegs, als er, blaß und abgemagert, Landarzt in einer sächsischen Kleinstadt war, kam mein Vater immer erst am späten Abend zerschlagen von seinen Besuchstouren auf die Dörfer zurück: das Elend, die Verwirrung, die Verzweiflung, die er wieder gesehen, erlebt hatte. Und doch las er noch stundenlang, Nächte hindurch. Nie habe ich seinen Nachttisch frei von Büchern gesehen; Ernst von Salomon, Heinrich und Thomas Mann, Konstantin Simonow, Eugen Kogon, Brecht und Becher in ungeordneten Stößen und Stapeln, die zu Bergen wurden; jede Broschüre, jedes Buch mit der brennenden Hoffnung auf Antwort, Erklärung, Wahrheit in die Hand genommen, nach tausend stockfinsteren Jahren.

Neujahrstag 1947. Bei beginnender Dämmerung sah ich vom Erker aus, wie der menschenleere Marktplatz unter Neuschnee verschwand. Leise trat mein Vater ins kalte Zimmer und setzte sich zu mir. Ohne jedes weitere Wort sagte er langsam zwei- oder dreimal Heinrich Heines Gedicht über die Kindheit auf. Ich hörte alltägliche Worte, wie von der nächsten Straßenecke, aber was sie zu sagen imstande waren, auf welche Weise; nie habe ich in den weiten, verlockend funkelnden Bereichen der Literatur mehr Schönheit und größere Wahrheit gesehen als beim ersten Blick. Dieses Gedicht, sagte mein Vater noch, hat jemand geschrieben, den sein Unglück erst gewiegt und dann erstickt hat.

Heine hat die Verse, als achtunddreißigstes Gedicht der »Heimkehr« im »Buch der Lieder« zu finden, wohl 1823 geschrieben; in der Handschrift sind sie der geliebten jüngeren Schwester Charlotte gewidmet, an die sich der Text wendet.

Dauernde Kopfschmerzen, die Relegation in Göttingen, ein unwilliger Onkel als Geldgeber, dessen Tochter Amalie und die unglückliche Liebe zu ihr, Anfeindungen des noch ungetauften Juden, der große Ausweg Paris in immer weiterer Ferne; die Verbindung zwischen Heines persönlicher und der allgemeinen Misere der Metternichzeit legte ein Blick zurück auf den in Düsseldorf verbrachten Lebensabschnitt nahe, als Bruder und Schwester noch »zwei Kinder, klein und froh« waren. Dennoch überrascht die Intensität der Rückwendung, der Grad des Leuchtens jener ersten Jahre.

Mit dem lässigen Luxus einer angeboren musikalischen Sprache und dem überströmenden Reichtum an einfachen Bildern, der die Wirkung Heinescher Lyrik für mich so groß und geheimnisvoll macht, wird eine Reihe kindlicher Unternehmungen in einer Umgebung geschildert, wie sie den in unseren Nordweststädten aufwachsenden Kindern nicht im Traum mehr zur Verfügung steht: es gab einen Hof, das Hühnerhaus, einen Hahn wahrscheinlich, Stroh, Kisten, eine Katze, auch »kamen Leute vorbei«.

Und diese Teile einer doch eigentlich erwachsenen Welt sind den Kindern, ihren Spielen, die Hang und Zufall erzeugen, freigegeben, die Kisten können tapeziert und bewohnt werden, man darf ins Häuschen und unter das Stroh kriechen, die Passanten ankrähen. Von Aufsichtspersonen ist nicht die Rede. Wenn das kein Paradies war, heute wäre! Die Verzauberung wächst mit dem Abstand.

Aber Heine bleibt nicht bei der Schilderung einer Idylle, wie tief auch immer empfunden, stehen, er singt nicht nur das Lied auf die strahlenden Tage der Kindheit und auf die erregende Spannung, mit der man die Welt erst erfährt und dann aus sich heraus darstellt. Das Leben, sein Leben, ist ja weitergegangen, »vorbei sind die Kinderspiele«, die Schwester hat geheiratet, und er, der junge, schon berühmte Dichter, sieht als Bindungsloser, Ausgehaltener den Abgrund zwischen der Kinderwelt und dem, was jetzt um ihm ist oder nicht ist, laufend größer werden.

So erkenne ich in der letzten Strophe nicht bloß die ironische Schlußwendung à la mode, die Zerstörung der Illusion, sie scheint mir, soll das Gedicht nicht eine schöne Lüge bleiben, der unbedingt nötige Kontrapunkt für die Wahrheit des Ganzen zu sein. Wie eng hohe Welle und tiefes Tal, Freude und Schmerz zusammengehören, hat gerade Heinrich Heine sehr früh und später immer besser gewußt.

IN DEN KÜSSEN

In den Küssen welche Lüge!
Welche Wonne in dem Schein!
Ach, wie süß ist das Betrügen,
Süßer das Betrogensein!

Liebchen, wie du dich auch wehrest,
Weiß ich doch, was du erlaubst:
Glauben will ich, was du schwörest,
Schwören will ich, was du glaubst.

Klara Obermüller

Mit dem Schlimmsten rechnen

Unter all den bittersüßen, seltsam zerrissenen Liebesgedichten Heinrich Heines ist das eins der seltsamsten. Fast möchte man es masochistisch nennen, wie da einer die Lüge besingt und das Betrogensein preist. Oder ist es nur ein Tändeln und Kokettieren zwischen zwei Liebenden: zwischen dem Mädchen, das seine Unschuld verteidigt, und dem jungen Mann, der so tut, als ginge er darauf ein?

Heine war noch keine dreißig, als er diese Verse um 1824 zu Papier brachte. Auf welche seiner frühen unerfüllten Liebeserlebnisse sie sich beziehen, ist ungewiß. Und letztlich auch unerheblich; denn was zählt, ist die Erfahrung, daß alle Liebe trügerisch ist und das vermeintliche Glück nichts anderes als Hingabe an einen schönen Schein. Glauben, was du schwörest, schwören, was du glaubst: Die Liebenden machen sich gegenseitig etwas vor. Betrügen und Betrogensein sind zwei Seiten ein und desselben Spiels, das so lange funktioniert, als keines der beiden auf dem Wahrheitsbeweis besteht.

Wer so wie Heine von der Brüchigkeit menschlicher Beziehungen überzeugt ist, hat nur die Wahl, zu leiden oder sich vorzusehen. Heine sieht sich vor. Er weiß, daß auf die Echtheit der Gefühle kein Verlaß ist. Er weiß, daß er stets der Betrogene, der Zurückgewiesene sein wird. Und sehnt sich doch so sehr danach, das Gegenteil zu erleben: die unverbrüchliche Liebe, das bedingungslose Angenommensein. Doch die Angst des gebrannten Kindes ist stärker.

Um nicht wieder und wieder enttäuscht und betrogen zu werden, gibt er sich frivol und anmaßend. Heine beißt, um nicht gebissen zu werden. Verletzlich, wie er ist, verletzt er auch die, die ihm gewogen sind. Am meisten aber verletzt er wohl sich selbst. Das ist nicht nur in der Liebe so, sondern auch im gesellschaftlichen Leben.

Der Jude Heinrich Heine hat zeit seines Lebens darunter gelitten, daß er, der Deutschland über alles liebte, den Deutschen nicht als echter Deutscher galt. Kurz nachdem er das kleine Gedicht aus dem Zyklus »Die Heimkehr« geschrieben hatte, 1825, ließ Heine sich taufen. Und hat es bald schon wieder bereut. Der Taufzettel wurde ihm nicht zum »Entréebillet« in die deutsche Gesellschaft, wie er sich dies erhofft hatte. Die deutsche Gesellschaft nahm ihn nicht auf. Ein Betrogener, ein Zurückgewiesener auch hier, hat er fortan die Gesellschaft geschmäht, die ihn verschmähte. Und doch schreibt er etwa um die gleiche Zeit in trotziger Selbstbehauptung die berühmten Verse: *Ich bin ein deutscher Dichter, / Bekannt im deutschen Land: / Nennt man die besten Namen, / So wird auch der meine genannt.*

In einem Atemzug mit Goethe? Das war wohl hier gemeint. Am 1. Oktober 1824 hat Heine dem Dichterfürsten in Weimar seine Aufwartung gemacht. »Will nur Ihre Hand küssen und wieder fortgehen«, heißt es in dem Brief, der den Besuch ankündigt. Ist es verwegen anzunehmen, daß ihm bei der Gelegenheit auch ein paar frühe Gedichtzeilen Goethes wieder in den Sinn kamen, die er dann auf seine Weise variierte? Der Duktus jedenfalls ist täuschend ähnlich: *In deinen Küssen welche Liebe / O welche Wonne, welcher Schmerz,* heißt es in der ersten Fassung von Goethes »Willkommen und Abschied«. *In*

den Küssen welche Lüge! / Welche Wonne in dem Schein!
klingt es bei Heine wie ein bitteres Echo wider. Und wo
Goethe das Glück preist, zu lieben und geliebt zu werden,
singt Heine von der Süße des Betrügens und dem noch sü-
ßeren Betrogensein. Ironie, Sarkasmus als Schutzschild
gegen die Enttäuschung? Heine wäre nicht der einzige,
der sie zu diesem Zwecke einsetzte.
Goethe hingegen kennt keine Ironie. Er braucht sie nicht.
Er weiß sich angenommen und bewahrt sich die Gewiß-
heit, geliebt zu werden, selbst dann noch, wenn er verlas-
sen wird. Bei Heine ist es umgekehrt: Er nimmt in den
Küssen die Lüge vorweg, die ihnen folgt, und hütet sich,
in einer Wonne aufzugehen, die sich als trügerisch erwei-
sen könnte. Heine kommt der Enttäuschung zuvor, indem
er immer schon mit dem Schlimmsten rechnet. »Heim-
kehr« hat er seinen Gedichtzyklus genannt. Er muß ge-
wußt haben, daß Heimkehr für ihn, wenn überhaupt, im-
mer nur eine vorläufige sein würde.

Prolog

In Gemäldegalerien
Siehst du oft das Bild des Manns,
Der zum Kampfe wollte ziehn,
Wohlbewehrt mit Schild und Lanz.

Doch ihn necken Amoretten,
Rauben Lanze ihm und Schwert,
Binden ihn mit Blumenketten,
Wie er auch sich mürrisch wehrt.

So, in holden Hindernissen,
Wind ich mich in Lust und Leid,
Während Andre kämpfen müssen
In dem großen Kampf der Zeit.

Ludwig Harig

Heitere Resignation

»Freizeit« heißt eine sonntägliche Sendung im Fernsehen, der Titel ist in das Bild einer Stoppuhr eingeblendet. Kennzeichnet diese Verquickung von so etwas lustvoll Ungebundenem wie Freizeit mit einem mechanischen Zeitmeßgerät wie einer Stoppuhr nicht diese unsägliche Planwirtschaft, die unser Leben beherrscht?

Lehrzeit, Arbeitszeit, Lebenszeit verstreicht, die Freizeit ist verplant, der Mensch müht sich in Kreativitätssymposien, Selbstfindungsweekends, Autogentrainingskursen um Rückgewinnung seiner Freiheit, dabei trägt er, situations- und marktgerecht, Countryblazer, Sportswearhose, Freizeithemd. Ein Kaufhaus wirbt mit dem Satz »Aktiver leben ist, einfach auf Sieg zu setzen«.

Alles im Menschen sei Organisation, sagt Wilhelm von Humboldt in seinen »Ideen zu einem Versuch, die Grenzen der Wirksamkeit des Staates zu bestimmen«, er wendet sich vehement gegen alles, was der Staat über seine Aufgabe, für Schutz nach außen und Rechtssicherheit nach innen zu sorgen, hinaus unternimmt, den Menschen an die kurze Leine zu nehmen. Er, der Mensch, sei ein Rädchen in der Maschine, sagt der Volksmund.

Das alles ruft Heines Gedicht in mir hervor, dieser »Prolog« zu einem Frühlingsliederzyklus, der für mich eine Abkehr von gesellschaftlichen Forderungen und eine rettende Hinwendung zum Spielerischen bedeutet. Das Gedicht ist im November 1830 entstanden, ein halbes Jahr nach der Pariser Julirevolution, die, zur tiefen Enttäuschung Heines, die Staatsmacht vom Adel auf das Bürgertum übertrug. Heine, im dreiunddreißigsten Jahr seines Lebens, eben entschlossen, von Deutschland nach Frankreich überzusiedeln, steigt aus dem zwanghaften revolutionären Zeitkampf aus und rettet sich, in heiterer Resignation, im freien Gedankenspiel.

Er windet sich, hin- und hergerissen, »in holden Hindernissen«, »in Lust und Leid«, er nimmt das uneindeutige Wechselspiel auf sich und spielt in ihm mit. So sind die Amoretten, die ihn necken, nicht einfach nur putzige Liebesgöttinnen, welche sich ihrer Pappflügel entledigen und als erotische Gärtnerinnen auftreten, und auch die Blumenketten sind nicht aus Stoffresten und Geschenkpapier gebastelt, wie es eine dieser »Freizeit«-Fernsehsendungen gezeigt hat: sie sind Metaphern für das Spielerische selbst, das »dem Menschen die Fesseln aller Verhältnisse abnimmt und ihn von allem, was Zwang heißt, sowohl im Physischen, als im Moralischen entbindet«, wie Schiller in einem seiner Augustenburger Briefe schreibt.

Heine lag schon in seiner Pariser Matratzengruft, opiumsüchtig, halbblind, mit erweichendem Rückenmark, als er, zehn Jahre später, im Gespräch mit Eduard von Fichte noch einmal auf die deutschen Verhältnisse zu sprechen kam: »Die Demagogen von Deutschland haben immer die Sitte gehabt, sich an mich zu wenden, indem sie voraussetzten, daß ich durch Dick und Dünn mit ihnen gehen werde; als ich mich hierauf nicht einlassen konnte, wurde ich mit unendlicher Feindschaft und Verläumdung verfolgt«, sagt er. So hatte er sich vom »Treiben dieser Leute« ins Spiel mit den eigenen Gefühlen, den eigenen Gedanken zurückgezogen.

In unserer Zukunft wird es viel Freizeit geben, wird viel

heitere Resignation nötig sein. Ja, sie wird, so paradox und provokativ es klingen mag, die Qualität unserer Zukunft werden müssen. Ist nicht das Spiel der winzige Freiraum, den das Rad braucht, wenn es sich in der Achse bewegen will?

AN EINEN EHEMALIGEN GOETHEANER

(1832)

*Hast du wirklich dich erhoben
Aus dem müßig kalten Dunstkreis,
Womit einst der kluge Kunstgreis
Dich von Weimar aus umwoben?*

*Genügt dir nicht mehr die Bekanntschaft
Seiner Klärchen, seiner Gretchen?
Fliehst du Serlos keusche Mädchen
Und Ottiliens Wahlverwandtschaft?*

*Nur Germanien willst du dienen,
Und mit Mignon ists vorbei heut,
Und du strebst nach größrer Freiheit
Als du fandest bei Philinen?*

*Für des Volkes Oberhoheit
Lünebürgertümlich kämpfst du,
Und mit kühnen Worten dämpfst du
Der Despoten Bundesroheit!*

*In der Fern hör ich mit Freude,
Wie man voll von deinem Lob ist,
Und wie du der Mirabeau bist
Von der Lüneburger Heide!*

Hanspeter Brode

Mit Goethe demokratisch werden

Das Gedicht entstand im August 1832, also fünf Monate nach Goethes Tod, und es bezeichnet den Riß, der im Gefolge dieses Ereignisses ideen- und literaturgeschichtlich in Deutschland eintritt. Heinrich Heine, dessen politische Anschauungen durch die Pariser Julirevolution von 1830 endgültig Profil gewannen, hat häufig vom »Ende der Kunstperiode« gesprochen und daran die Forderung geknüpft, der Schriftsteller müsse sich dem Tagesgeschehen zuwenden. In bewußter Abkehr von der Goethezeit macht Heine hier Ernst mit seinem Programm.

Vordergründig richten sich diese Strophen gegen einen Studienfreund aus gemeinsamen Göttinger Universitätsjahren. Dieser hat sich nunmehr ins politische Geschäft geworfen und leistet (als Mitglied der zweiten Kammer zu Lüneburg) seinen Beitrag im Kampf gegen Monarchen und Duodezfürsten des Deutschen Bundes. Aber Heine, obgleich selbst Anhänger des demokratischen Gedankens, hält nichts davon. Er weilt 1832 bereits »in der Fern« des Pariser Exils, das er im Vorjahr bezogen hat. Von weltstädtischer Warte aus blickt er über den Rhein hinweg voller Unbehagen ins enge deutsche Lüneburg.

Heines Bedenken gegen die gewandelte Einstellung des ehemaligen Gefährten lassen sich in dreifacher Hinsicht resümieren: Zum einen wird deutlich, daß mit Goethes Ableben die große Zeit des emanzipatorischen Aufschwungs in Deutschland vorbei ist. Im Zeitalter Metternichs ist Anpassung bei ruhigem Gang der Geschäfte

Trumpf, und wo sich demokratische Kräfte regen, sind sie nach Heines Ansicht zum Scheitern verdammt: Von Leuten wie diesem »Goetheaner« ist infolge mangelnder Vorbereitung und unzureichender Praxis politisch nichts zu gewärtigen.

Denn der liberale Gedanke verbindet sich, zweitens, schon jetzt mit dem nationalen, und daran – Heine wittert es bereits drei Jahrzehnte vor Bismarck – wird er eines Tages zerbrechen. Das erotisch durchtönte, mittelmeerisch-europäische Freiheitsverlangen, das den Schriften Goethes Glanz und Signatur verlieh – man denke an Mignons Italienlieder – schlägt um in patriotische Engstirnigkeit; »Germanien« lautet hinfort die Parole. Statt Philines Pantöffelchen also die altdeutsche Freiheitsvariante, an die Stelle erotischer Weiträumigkeit tritt borniert Teutomanie.

Die verpflichtende Größe der Französischen Revolution von 1789 ist in Vergessenheit geraten, weil der Gedanke der Volkssouveränität zurücktritt hinter jenem anderen, jetzt energisch aufkeimenden der »Wiedergeburt Deutschlands«. Mit dieser Akzentverschiebung hatte das Hambacher Fest vom Mai 1832 gerade eben Furore gemacht. Heine mißtraut den »kühnen Worten« der deutschen Mirabeaus von Lüneburger Westentaschenformat; wo es an Tatkraft fehlt, wird die obrigkeitliche Misere nur um so gründlicher verlängert.

Zum dritten: Wenn Heine den »klugen Kunstgreis« in »müßig kalter« Sphäre ansiedelt, so bedeutet dies keineswegs Feindschaft gegen Goethe, diesen »Ali Pascha unserer Literatur«, wie Heine ihn früher schnoddrig respektvoll nennen konnte. Hier tut sich vielmehr die Verachtung kund, die Heine für deutschtümelnde Anhänger oder

Gegner Goethes empfindet. Er wehrt sich gegen ein auf vaterländische Teilnahme abgestelltes Goethebild und gegen Leute, die dem großen Alten aus Weimar kühle Reserve gegenüber der nationalen Euphorie von 1813 vorwerfen.

Wie anders nicht zu erwarten, stieß dieses Gedicht auf scharfe Ablehnung im radikal-demokratischen Lager. Selbst der titanische Karl Marx, der von Lüneburg und verwandten Bestrebungen gewiß nichts erwarten durfte, äußerte Empörung und schloß aus diesen Strophen einmal mehr auf Heines fragwürdigen Charakter (Franziska Kugelmann überliefert es in ihren Memoiren). Indessen, Heine behielt recht mit seiner bitteren Skepsis: Das deutsche Bürgertum im 19. Jahrhundert hat die goethische Hinterlassenschaft teils vaterländisch verfälscht, teils reaktionär mißachtet und somit das gewaltigste Erbe seiner Geistesgeschichte verraten, als es den »Sonderweg« in die machtgeschützte Innerlichkeit antrat.

Mit Goethe demokratisch werden und nicht gegen Goethe national, so lautet die Botschaft dieses Gedichtes. Sich dessen zu erinnern ist zeitgemäß, solange die deutsche Frage als quälendes Problem fortbesteht.

Das Fräulein stand am Meere

Das Fräulein stand am Meere
Und seufzte lang und bang,
Es rührte sie so sehre
Der Sonnenuntergang.

Mein Fräulein! sein Sie munter,
Das ist ein altes Stück;
Hier vorne geht sie unter
Und kehrt von hinten zurück.

Walter Hinderer

Die sentimentalen Seufzer

Sie gehören sicher nicht zu den raffiniertesten oder kunstvollsten Versen, die Heinrich Heine geschrieben hat, aber sie fesseln das Ohr wie eine eingängige Melodie, die einem nicht mehr aus dem Kopf geht und die zum Nachsummen verführt. Dabei ist es genaugenommen ein Gegengedicht, ein Gegengesang, in dem man die süffige Tonart, die hier parodiert und kritisiert wird, ohne schlechtes Gewissen noch mitgenießen kann. Doch ist das nicht so etwas wie höheres Indianerspiel, der Versuch, abgedroschene Schlager mit einem Kunstgriff wieder hoffähig zu machen? Zugegeben: die beiden scheinbar so traditionell gereimten und rhythmisierten Strophen haben die Qualität eines Chansons oder Songs mit einem zünftigen kabarettistischen Einschlag. Dem sentimentalen Volksliedton, dem auch Heine keineswegs immer zum Vorteil seiner lyrischen Produktion gehuldigt hat, wird hier gekonnt widersprochen – mit den poetischen Mitteln der Parodie, der Ironie und des Witzes.

Die Verse stammen aus dem Zyklus «Seraphine», der vermutlich 1832 entstanden ist und in dem Heine in fünfzehn Gedichten verschiedene Spielarten und Möglichkeiten seiner Lyrik rekapituliert. Romantische und biedermeierliche Versatzstücke stehen hier neben formalisierten Naturbildern und politischen Anspielungen. Nicht immer wurden dabei die Erwartungen des zeitgenössischen Lesers enttäuscht oder durch Ironie verfremdet. Jedoch das Gedicht vom »Fräulein ... am Meere«, das im Zyklus unter Nr. 10 eingereiht ist, nimmt eindeutig die falschen Töne und Gefühlslagen der epigonalen Naturlyrik der Zeit aufs Korn und setzt sich damit kritisch mit einer poetischen Schreibweise (auch der eigenen) auseinander.

Wie in einem kitschigen Werbefilm ist hier alles Staffage: das Meer, der Sonnenuntergang, das Seufzen und die Rührung; ja selbst das Fräulein scheint nicht aus der Wirklichkeit, sondern aus dem Klischeearsenal des Guckkastens zu stammen. Ist schon in der zweiten Zeile, in dem Binnenreim »lang und bang« die satirische Absicht kaum zu überhören, mit dem so auffallend gedehnten »sehre« setzt Heine – und nicht etwa bloß aus Verlegenheit, weil er ein passendes Reimwort auf »Meere« braucht – ein pointiertes kritisches Signal, das ebenso blitzartig wie einleuchtend die ganze abgestandene Natursentimentalität in Frage stellt. Außerdem übertreibt dieses »sehre« den Leierkastenton der Strophe dergestalt parodistisch, daß der Leser am liebsten selbst in die Kurbel greifen möchte. Aber in der zweiten Strophe läßt Heine von selbst die Katze aus dem Sack. Der Leierkastenmann gibt sich in seiner Anrede an das Fräulein als kritischer Arrangeur und Regisseur der Naturszene zu erkennen. Gegen die falschen Seufzer und die sentimentale Rührung ermahnt er das Fräulein zur Munterkeit und erläutert ihm den sich ständig wiederholenden Wechsel von Sonnenunter- und Sonnenaufgang als ein altes Schauspiel.

Für mich gehört dieses Gedicht Heines zu einer witzigen Form- und Denkkultur, für die man in Deutschland schon immer zuwenig Verständnis besaß. Es überrascht nicht, daß auch Karl Marx diese Verse besonders schätzte. Er hatte sie ständig parat und pflegte sie, wie Franziska Kugelmann, die Tochter eines engen Freundes, überliefert,

»bei übertriebenem Gefühlsausbruch« gewissermaßen als Heilmittel zu zitieren; denn auch ihm war »Sentimentalität, diese Karikatur wahren Gefühls …, aus tiefstem Grunde zuwider«. Er hielt es wie Heinrich Heine mit Goethe, der sich bereits in einem Distichon dergestalt von den Sentimentalitäten distanziert hatte: *Auf das empfindsame Volk habe ich nie was gehalten, es werden / Kommt die Gelegenheit, nur schlechte Gesellen daraus.*

Ich hatte einst ein schönes Vaterland

Ich hatte einst ein schönes Vaterland.
Der Eichenbaum
Wuchs dort so hoch, die Veilchen nickten sanft.
Es war ein Traum.

Das küßte mich auf deutsch und sprach auf deutsch
(Man glaubt es kaum
Wie gut es klang) das Wort: »Ich liebe dich!«
Es war ein Traum.

Walter Hinck

Sprache als Vaterland

Ein Exilgedicht, ein Liebesgedicht, ein Gedicht über die Heimatsprache. Heine schrieb es in der frühen Zeit seiner Pariser Emigration (Erstdruck 1834). Es ist unter den Versen, die er zunächst in der Gruppe »Träumereien«, dann unter dem Titel »In der Fremde« zueinander stellte, das schönste, nämlich das wortkargste und sinnreichste. Man merkt, was Heine dem deutschen Volkslied verdankt, seiner Innigkeit und Schlichtheit – seiner Süße; und man sieht, wie dieser Rohstoff durch seine Sprachraffinerie gegangen ist.
Natürlich muß man auf der Hut sein. Seine Lobrede kann auch Spottrede sein, seine Bonhomie Ironie; oft sind seine Schalmeienklänge Sirenengesänge. Zumal Teutonisches ist nie vor seiner Davidsschleuder sicher. So hat er nicht nur einmal den Eichenbaum, wenn er ihn als Symbol germanischen Kraftprotzentums verstand, satirisch gefällt.
Heine wendet die Ironie auch gegen sich selbst. So setzt der Schluß eines 1839 entstandenen Gedichts die erste Strophe unseres Textes ins Zwielicht. Es ist dort »Schildas teurer Eichenhain«, in dem sich der Dichter so wohl fühlte und wo er seine »zarten Reime« aus »Veilchenduft und Mondenschein« wob. Schilda? Das ist natürlich ein Wortsignal für Abstand. Und doch unterläuft auch dort Sympathie die ironische Abwehr.
In unserem Text ist dem Dichter das »schöne Vaterland« zu einem »Traum« geworden. Freilich meint Traum hier nicht einfach das Unwirkliche. »Traum« steht für einen

Zustand zwischen »traumhaftem« Glück und Glück als bloßem Traum. Jedenfalls ist das Vaterland in diesem Gedicht der Wehmut, des Heimwehs tatsächlich würdig.

Was Heimat bedeuten kann, faßt die zweite Strophe im Kuß und im Wort der Geliebten zusammen. Vor allem hier offenbart sich Heines Verskunst. Durch den Satzeinschub in Klammern wird die Volksliedvdiktion rhythmisch aufgebrochen und die Erwartung wirkungsvoll zum entscheidenden Wort »Ich liebe dich!« hingehalten. Keine andere Sprache, so gibt der Dichter zu verstehen, hat ein angemesseneres Wort für Zärtlichkeit als die Heimatsprache; sie eben ist die Sprache der Zärtlichkeit.

Aber noch tiefere Beziehungen zu dieser Sprache deuten sich an. Heine ist Jude, ist im doppelten Sinne »heimatlos«. Dem Exil ging das »innere Exil« des jüdischen Außenseiters voraus. Nur in der deutschen Sprache konnte er eigentliche Heimat finden. So schreibt schon der frühe Heine, der Bonner Student, im Aufsatz »Die Romantik«: »das deutsche Wort« ist »unser höchstes Gut«, ein »Freiheitswecker«, ist »ein Vaterland selbst demjenigen, dem Torheit und Arglist ein Vaterland verweigern«.

Ein Vaterland in diesem Sinne ist dem Dichter die deutsche Sprache geblieben. Und viele der Verfolgten, die in unserem Jahrhundert vom Hitlerregime ins Exil getrieben wurden, zumal jüdische, haben berichtet, wie sehr sie gerade in Versen Heines ihre eigenen Empfindungen ausgedrückt fanden. So bleibt bedeutende Dichtung lebendig für verwandte Erfahrungen in anderer geschichtlicher Situation.

WENN ICH, BESELIGT VON SCHÖNEN KÜSSEN

*Wenn ich, beseligt von schönen Küssen,
In deinen Armen mich wohl befinde,
Dann mußt du mir nie von Deutschland reden; –
Ich kanns nicht vertragen – es hat seine Gründe.*

*Ich bitte dich, laß mich mit Deutschland in Frieden!
Du mußt mich nicht plagen mit ewigen Fragen
Nach Heimat, Sippschaft und Lebensverhältnis; –
Es hat seine Gründe – ich kanns nicht vertragen.*

*Die Eichen sind grün, und blau sind die Augen
Der deutschen Frauen; sie schmachten gelinde
Und seufzen von Liebe, Hoffnung und Glauben; –
Ich kanns nicht vertragen – es hat seine Gründe.*

Wolfgang Preisendanz

Zwiespältige Erinnerung

Nie sollst du mich befragen – das aus der Lohengrin-Sage bekannte Frageverbot ergeht hier in einem Bettgespräch an die französische Geliebte des Emigranten. Warum sie nicht von Deutschland reden soll, bleibt ausgespart. Der insistierende, in der Mittelstrophe über Kreuz gestellte Refrain »Ich kanns nicht vertragen – es hat seine Gründe« läßt, auch durch den Gedankenstrich, offen, weshalb das Wohlbefinden in ihren Armen kein Gespräch über seine Herkunft verträgt. Nur versteckt deutet sich an, daß dabei Reizthemen berührt werden könnten: das Wort Sippschaft hat gewöhnlich einen abschätzigen Beiklang. Aber erst in der dritten Strophe scheint eine indirekte und mehrdeutige Begründung seiner Weigerung auf: mehrdeutig, weil in der Reminiszenz Sentimentalität und Hohn konkurrieren.

Man hat angenommen, dem Dichter in Paris seien Fragen nach seiner deutschen Vergangenheit unleidlich, weil ihn die Erinnerung an die im »Buch der Lieder« umkreiste unglückliche Liebe quäle. Demnach wäre der Tenor der letzten Strophe eindeutig wehmütig, nostalgisch. Aber läßt der Satz »sie schmachten gelinde / Und seufzen von Liebe, Hoffnung und Glauben« nicht eher auf ein Gran Sarkasmus schließen, wenn man die Ironie der Anspielung auf 1. Korinther 13 erfaßt? Paulus wird zitiert, der doch wie kein anderer auf die Sünde »im Fleisch«, in der Geschlechtslust pochte; und diese Anspielung auf die paulinische Sündenlehre hat die erotische Euphorie zur Folie, von der die Eingangsverse sprechen.

Ich denke also, der Refrain »Ich kanns nicht vertragen« bezieht sich in der Schlußstrophe auf die unmittelbar vorausgehende Charakteristik deutscher Frauen; »blauäugige Töchter gebildeter Stände, schöne blonde Seelen, die ihren Strickstrumpf oder sonst eine Handarbeit ins Theater mitgebracht haben und *gelinde schwärmen* wollen, ohne daß ihnen eine Masche fällt«, schreibt Heine an anderer Stelle.

Liest man die letzte Strophe im Licht dieser und zahlreicher anderer mokanter Lobreden auf die »holde Schwärmerei«, die »stillen Tugenden der deutschen Frauen«, auf ihre schamhafte Züchtigkeit (»Da lob ich Deutschlands Frauenzimmer, / Das schweigend sich zu Bette legt«) – rückt man das Pariser Bettgespräch in den Kontext solch ironischer Huldigungen, die fast immer die Französinnen zum Gegenbild haben, so könnte man der These beipflichten, ironische Rede sei allemal mit einer mehr oder weniger starken Aggressivität verbunden.

Demnach schlüge auch in unserem Gedicht der Anflug nostalgischer Erinnerung in kaum verhüllte Persiflage um, die Grenze zwischen Gebanntheit und Spott verschwimmt. Ironie verweist hier wie vielmals bei Heine auf die unaufhebbare Ambivalenzerfahrung eines, dem die Erinnerung an Deutschland in den Armen einer Französin Verlust und Gewinn umschließt, eine Wunde und ein Entronnensein bedeutet.

Ludwig Bechstein berichtet 1836, zwei Jahre nach der Niederschrift des Gedichts, von einem Gespräch mit Heine am Billettschalter der Italienischen Oper in Paris. Auf die Frage, ob er nicht wieder nach Deutschland zurückkehren wolle, habe Heine «wehmütig lächelnd» geantwortet: »Schwerlich. Ich bin der Tannhäuser, der im Venusberg gefangen sitzt; die Zauberfei gibt mich nicht los.« Diese Antwort bekundet die gleiche Schwebelage zwischen Heimweh, Fernliebe und neuartigem Wohlbefinden, die den Refrain «Ich kanns nicht vertragen – es hat seine Gründe» zwielichtig macht.

Wo?

Wo wird einst des Wandermüden
Letzte Ruhestätte sein?
Unter Palmen in dem Süden?
Unter Linden an dem Rhein?

Werd ich wo in einer Wüste
Eingescharrt von fremder Hand?
Oder ruh ich an der Küste
Eines Meeres in dem Sand?

Immerhin! Mich wird umgeben
Gotteshimmel, dort wie hier,
Und als Totenlampen schweben
Nachts die Sterne über mir.

Joseph Anton Kruse

Die Welt als Grab

Für gewöhnlich, wenn wir uns mit dem Tod beschäftigen, denken wir über den Zeitpunkt nach, zu dem er uns ereilt. Auch die Art und Weise, wie wir ihm ins Auge blicken, mag uns vielleicht beunruhigen. Am wenigsten, glaube ich, ängstigen wir uns darüber, wo man uns bestatten wird.

Heines Strophen über die eigene Grabsuche frappieren mich besonders, wenn ich ihnen auf dem Montmartre-Friedhof in Paris begegne. Dort bilden sie den Schmuck jenes eindrucksvollen Monuments der Jahrhundertwende, das an den Dichter und seine Frau Mathilde erinnert. Das Gedicht leistet dem geordneten Gräberfeld leisen Widerstand, steht dazu im poetischen Kontrast, da die Ungewißheit des Ortes seit dem 20. Februar 1856, dem Tag seiner Beerdigung, durch diese allerletzte Adresse beseitigt ist.

Die Zeilen selbst waren erst dreizehn Jahre nach Heines Tod bekanntgeworden. Sie wurden 1869 aus dem Nachlaß veröffentlicht, stammen aber wohl schon aus den dreißiger oder frühen vierziger Jahren. Im Frühjahr 1843 entwarf Heine ein erstes Testament; die Fassung von 1846 enthält dann folgenden Wunsch: »Sterbe ich in Paris, so will ich auf dem Kirchhofe des Montmartre begraben werden, auf keinem andern, denn unter der Bevölkerung des Faubourg Montmartre habe ich mein liebstes Leben gelebt.« Diese ausdrückliche Bestimmung hat einiges mit dem Gedicht gemein, weil die Unwägbarkeit des Endes durch diesen kleinen Vorbehalt der testamentarischen Verfügung anerkannt wird.

Die rhetorischen Fragen in den beiden ersten Strophen sind dazu Variationen. Sie variieren gleichzeitig das überlieferte Bild von Lebenslauf und Wanderschaft. Dabei ist auch der Zeitpunkt angesprochen, aber ebenfalls Art und Weise des Todes erfragt. Mit einem baldigen, plötzlichen Tod wird gar nicht erst gerechnet. Die Mühen des Lebens vollenden sich »einst« nach mancher Rast in weiter, erlösender Zukunft. Jedoch ist das Ziel der Wanderung so unbestimmt wie das Schicksal des Wanderers und die Art seines Sterbens. Gerne hat Heine Nord und Süd literarisch miteinander konfrontiert. Im Gedicht »Ein Fichtenbaum steht einsam« bilden Fichte und Palme die Symbole unerfüllter Sehnsucht. Hier dagegen bezeichnen die Palmen im Süden und die Linden am Rhein seine mögliche Grabstätte, entfernteste Pole nach allen erdenklichen Wechselfällen des Lebens.

Schon im IV. Kapitel von »Ideen. Das Buch Le Grand« aus dem Jahre 1826 entwarf er sich seine »Ruhestätte«: »Ein Baum wird meinen Grabstein beschatten. Ich hätte gern eine Palme, aber diese gedeiht nicht im Norden. Es wird wohl eine Linde sein, und Sommerabends werden dort die Liebenden sitzen und kosen.« Im Gedicht nun schreitet Heine die Weltgegenden ab: ein Fremdling in der Wüste, ein nach Irrfahrten ans Land gespülter toter Odysseus. Die unendlichen Möglichkeiten von Zeit, Ort und Umständen des Endes werden metaphorisch durchgespielt, ohne Angst und Schrecken, gelassen, elegisch.

Die fünf Fragen nach dem »Wo?« (ein Titel, der dem Gedicht vom Herausgeber des Nachlasses, Adolf Strodtmann, verliehen wurde) sind im Grunde nur eine einzige

Frage nach dem Ziel und Sinn des Weges und der dafür aufgewendeten Kraft. Eine Antwort darauf gibt es nicht. Die Tröstung bleibt immanent. Denn was die dritte Strophe beschwört, ist nicht religiös zu nennen, sondern eher weltfromm und weltläufig. Unsere Erde wird nach dem Tod zum Universalfriedhof, über dem sich der Sternenhimmel wölbt. Die Einsamkeit und Heimatlosigkeit löst sich in grandioser Weise auf. Die Erde, die uns empfängt, ist allein für uns da. Die Sterne leuchten zum Zeichen der Erinnerung an den zur Ruhe gekommenen Schläfer. Ein ergänzender, aufklärender Satz, der den Gedanken des Gedichtes umwendet, steht in der »Reise von München nach Genua« von 1828, wo es im XXX. Kapitel heißt: »Unter jedem Grabstein liegt eine Weltgeschichte.«
Auf Heines Grab sind außer Blumen auch immer wieder Kieselsteine zu finden, ein jüdischer Brauch des Totengedächtnisses, aus uralter Wüstentradition überkommen. Der Montmartre-Friedhof ist eben größer als Paris. Auch Linden und Palmen wachsen manchmal am gleichen Ort.

Anno 1839

O, Deutschland, meine ferne Liebe,
Gedenk ich deiner, wein ich fast!
Das muntre Frankreich scheint mir trübe,
Das leichte Volk wird mir zur Last.

Nur der Verstand, so kalt und trocken,
Herrscht in dem witzigen Paris –
O, Narrheitsglöcklein, Glaubensglocken,
Wie klingelt ihr daheim so süß!

Höfliche Männer! Doch verdrossen
Geb ich den artgen Gruß zurück. –
Die Grobheit, die ich einst genossen
Im Vaterland, das war mein Glück!

Lächelnde Weiber! Plappern immer,
Wie Mühlenräder stets bewegt!
Da lob ich Deutschlands Frauenzimmer,
Das schweigend sich zu Bette legt.

Und alles dreht sich hier im Kreise,
Mit Ungestüm, wie'n toller Traum!
Bei uns bleibt alles hübsch im Gleise,
Wie angenagelt, rührt sich kaum.

Mir ist, als hört ich fern erklingen
Nachtwächterhörner, sanft und traut;
Nachtwächterlieder hör ich singen,
Dazwischen Nachtigallenlaut.

Dem Dichter war so wohl daheime,
In Schildas teurem Eichenhain!
Dort wob ich meine zarten Reime
Aus Veilchenduft und Mondenschein.

Jost Hermand

Orte. Irgendwo

Wie übel es Heine in Deutschland ergangen ist, ist allgemein bekannt. Diesem Manne wurde wirklich alles angelastet: Eitelkeit, Gewinnsucht, Zynismus, Charakterlosigkeit, Gallomanie, Knoblauchgeruch, Vaterlandslosigkeit, Genußsucht, Oberflächlichkeit, Nihilismus, Wurzellosigkeit, Unsittlichkeit, Sensationalismus und was es sonst noch an »undeutschen« Charaktereigenschaften gibt. Angefangen von den Vipern Metternichs und den urteutonischen Rauschebärten des Vormärz bis zu den Völkischen und den Nazis: immer wieder traten im Deutschland der letzten 150 Jahre Gruppen auf, die an diesem Dichter ihr Mütchen zu kühlen versuchten. Selbst die Gebildeten unter seinen Verächtern bewiesen dabei oft eine seltsame Blindheit, indem sie sogar Heines witzigste Kapriolen und Hyperbeln für bare Münze nahmen.

Das gilt in besonderem Maße für seine Gedichte über Deutschland, die Heine nach 1831 im Pariser Exil geschrieben hat. Als ich diese Gedichte (die man mir in der Schule selbstverständlich vorenthalten hatte) gegen Ende der fünfziger Jahre zum erstenmal las, war ich für den politischen Stachel hinter ihrer verführerischen Glätte noch unempfindlich – und fand sie daher reichlich sentimental. All das erschien mir zu persönlich, ja geradezu privatistisch und damit unverbindlich. Auf den ersten Blick (und mit dem begnügte ich mich damals) gab es hier nichts Positives, nichts Aufbauendes, nichts Moralisch-Erhebendes. Vor allem in dem Gedicht »Anno 1839« reihten sich offenbar nur witzige Antithesen aneinander, ohne daß sich daran in der letzten Strophe irgendein Lehrsatz oder wenigstens eine Sentenz anschloß.

Heute dagegen, nach vielen Jahren außerhalb Deutschlands, lese ich dieses Gedicht natürlich anders. Plötzlich nehme ich hinter seiner scheinbaren Oberflächlichkeit ganz neue Dimensionen wahr. Schließlich soll weder das, was hier zum »Lobe« Deutschlands, noch das, was hier zuungunsten Frankreichs gesagt wird, so aufgefaßt werden, wie es da steht. Denn das eine ist gar nicht so positiv und das andere gar nicht so negativ gemeint, wie es beim ersten Lesen wirkt.

Was in diesem Gedicht tatsächlich zum Ausdruck kommt, ist eine utopische Sehnsucht, die sich offenbar nirgends, weder in Deutschland noch in Frankreich oder irgendeinem anderen Land, zu Hause fühlt. Hier äußert sich eine Gesinnung, die sich an allem stößt, die mit allem unzufrieden ist, die alles wechselseitig in Frage stellt – und damit allen Genügsamen und in nationalen Klischees Befangenen ein ständiger Stachel im Fleische sein muß.

Nun, eine solche Empfindlichkeit, die überall aneckt, hat auch ihre bedenklich egoistischen Züge (und Heine wäre der letzte, der das nicht zugegeben hätte). Aber sie enthält zugleich einen Schuß Dialektik, der weit über das einzelne Ich hinausweist und zu einer im hegelianischen Sinne neuen Synthese drängt. Und damit gibt es in diesem Gedicht doch einen idealen Ort, der allerdings vom Leser selbst erschlossen werden muß. Heines »Anno 1839« läßt sich deshalb – über alles witzig unterkühlte Heimweh, über alle Deutschland-Problematik, über alle Freude an der ironischen Widersprüchlichkeit hinaus – auch als eine Einübung in Dialektik lesen, für die es in der deutschen

Lyrik vor Brecht nur wenige Beispiele gibt. Wer sich diese »dialektisierende Optik«, um einen Begriff Walter Benjamins aufzugreifen, einmal angeeignet hat, wird sie sich schwerlich wieder abgewöhnen können.

Begegnung

Wohl unter der Linde erklingt die Musik,
Da tanzen die Burschen und Mädel,
Da tanzen zwei, die niemand kennt,
Sie schaun so schlank und edel.

Sie schweben auf, sie schweben ab,
In seltsam fremder Weise,
Sie lachen sich an, sie schütteln das Haupt,
Das Fräulein flüstert leise:

»Mein schöner Junker, auf Eurem Hut
Schwankt eine Neckenlilje,
Die wächst nur tief in Meeresgrund –
Ihr stammt nicht aus Adams Familie.

Ihr seid der Wassermann, Ihr wollt
Verlocken des Dorfes Schönen.
Ich hab Euch erkannt, beim ersten Blick,
An Euren fischgrätigen Zähnen.«

Sie schweben auf, sie schweben ab,
In seltsam fremder Weise,
Sie lachen sich an, sie schütteln das Haupt,
Der Junker flüstert leise:

»Mein schönes Fräulein, sagt mir, warum
So eiskalt Eure Hand ist?
Sagt mir, warum so naß der Saum
An Eurem weißen Gewand ist?

Ich hab Euch erkannt, beim ersten Blick,
An Eurem spöttischen Knixe –
Du bist kein irdisches Menschenkind,
Du bist mein Mühmchen, die Nixe.«

Die Geigen verstummen, der Tanz ist aus,
Es trennen sich höflich die beiden.
Sie kennen sich leider viel zu gut,
Suchen sich jetzt zu vermeiden.

Walter Hinck

Die Masken fallen

Nach der Sage sind Nixen als schöne Jungfrauen hinter schmucken Jünglingen her und als Wassergeister erkennbar nur am nassen Saum des Gewandes. Der durch Fischzähne entstellte Wassermann raubt Menschenmädchen und entführt sie in sein Wasserhaus. Nixe wie Wassermann lieben die Musik und mischen sich gern unter tanzende Menschen. Heinrich Heine kannte sich in den Sagen aus, als im Herbst 1841 diese Romanze entstand. Er hatte in seiner Schrift »Elementargeister« aus ihnen geschöpft.

Seine Romanze läuft nicht auf ein düsteres Ende zu wie Goethes Ballade »Der Fischer«, wo der lockende Nixengesang den Mann ins Wasser hinabzieht. Unnachahmlich die Grazie, mit der Heine der Konfrontation von Menschen und Elementargeistern eine ganz neue Spielart hinzugewinnt und auch seine eigene Romanze »Die Nixen« weit hinter sich läßt. Im unvermuteten Aufeinandertreffen von Wassermann und Nixe beim Tanz unter der Linde begegnet die Mythe sich selbst, sieht sich im Spiegel, erkennt und durchschaut sich.

Aber Heine bleibt bei der witzigen Mythenentzauberung nicht stehen. Er füllt den durch Parodie entstandenen Leerraum wieder auf. Denn gerade durch ihr Gebaren, den »spöttischen Knix«, den ironischen Ton bei der wechselseitigen Entlarvung, verraten sich die Figuren als das, als was sie sich tarnen: als schöner Junker und als schönes Fräulein, als zwei in Gesellschaftsformen Erfahrene. Die scheinbare Enttarnung ist in Wahrheit eine Maskerade, die vom Leser eine weitere Demaskierung verlangt. Nicht mehr Elementargeister und Zauberwesen naturmagischer Dichtung sind es, die sich hier beim Dorftanz unter die Burschen und Mädchen mischen, sondern zwei menschliche »Abenteurer« der Liebe. Zwischen der Sagenversion und Heines Umformung steht vermittelnd die Geschichte Don Juans, des Libertins, des überführten Verführers.

Doch bleibt bei aller gesellschaftlichen Eleganz der beiden »Abenteurer« nicht verborgen, daß sie Außenseiter sind. Die Maskerade erlaubt eine weitere Dechiffrierung; das Gedicht bietet noch eine andere Lesart an, eine historische, die der Lebenssituation des jüdischen Dichters gerecht wird. Mitzudenken sind die Kehrseiten der Judenemanzipation im neunzehnten Jahrhundert: die Anpassungsversuche, die Assimilation.

Immer hat Heine, gerade im Pariser Exil, mit der Linde – wie der Eiche – Deutschland assoziiert (*Mit seinen Eichen, seinen Linden,* heißt es in »Nachtgedanken«, *Werd ich es immer wiederfinden*). Zumal der Tanz unter der Linde ist alter deutscher Brauch. Und da darf man sich die beiden Fremden unter den deutschen Tänzern auch als Juden und Jüdin vorstellen, die hier einander unerwartet begegnen, wobei die Doppelbödigkeit des Dialogs darin besteht, daß die beiden Außenseiter eben doch aus »Adams Familie« stammen.

In Heines früher Romanze »Donna Clara« entdeckt sich der fürs Schloßfest als Ritter kostümierte stattliche Mann nach einer Verführungsszene seiner spanischen Geliebten, die fortwährend das »schmutzige Judenvolk« schmäht, als der Sohn des großen Rabbi Israel von Saragossa. Solchen Triumph erleben »Junker« und »Fräulein« nicht. Sie haben sich als Angehörige derselben Sippe erkannt und gegenseitig auf Abwegen ertappt; sie sind aneinander nicht interessiert, weil sie zuviel voneinander wissen. Lesen wir also in Heines Romanze »Begegnung« eine kleine Gleichnisgeschichte mit, entdecken wir die subtilen Winke jüdischer Selbstironie.

An einen politischen Dichter

Du singst wie einst Tyrtäus sang,
Von Heldenmut beseelet,
Doch hast du schlecht dein Publikum
Und deine Zeit gewählet.

Beifällig horchen sie dir zwar,
Und loben schier begeistert:
Wie edel dein Gedankenflug,
Wie du die Form bemeistert.

Sie pflegen auch beim Glase Wein
Ein Vivat dir zu bringen,
Und manchen Schlachtgesang von dir
Lautbrüllend nachzusingen.

Der Knecht singt gern ein Freiheitslied
Des Abends in der Schenke:
Das fördert die Verdauungskraft
Und würzet die Getränke.

GÜNTER KUNERT

Verdauungsförderung

Dieses heitere Kabinettstückchen des sonst eher melancholischen Ironikers ist gleichermaßen eine trauervolle Elegie wie ein (unbewußtes) Urteil über das eigene Werk. Entstanden ist das »Gedicht aus dem Nachlaß« im Jahre 1841, also im Vormärz, und gemünzt auf die soeben erschienenen »Unpolitischen Lieder« des Hoffmann von Fallersleben. Diesem wird unterstellt, er singe wie Tyrtäus, was ein etwas zwiespältiges Kompliment darstellt. Denn die Legende meint, die Athener hätten im Zweiten Messenischen Krieg den hilfesuchenden Lakedaimoniern nichts als einen lahmen Schulmeister zur Unterstützung geschickt, eben den Tyrtäus. Der jedoch, o Wunder, habe die Verzagten durch seine Kriegslieder dermaßen begeistert, daß sie die Feinde schlugen.
Nun aber singt der historisch verspätete Tyrtäus von 1841 zur falschen Zeit und vor den falschen Leuten: Es herrscht kein Krieg, sondern Biedermeier. »Das Volk, der große Lümmel«, mit Heines Worten, schnarcht unter der Zipfelmütze hinterm Ofen, obwohl diverse Dichter unaufhörlich bemüht sind, ihn aufzuwecken. Trotz des Reveille-Getrommels der Worte geht das deutsche Wintermärchen (mit kurzer Unterbrechung 1848) seinen gewohnten Gang. Die deutsche Geschichte nimmt ihren bekannten Verlauf: bis zur Realisierung von Heines düsterer Prophezeiung, daß dort, wo man Bücher verbrenne, dasselbe auch mit Menschen geschehe. Übrigens nicht zuletzt unter Absingen des berühmtesten Liedes Hoffmanns von Fallersleben.

Trotz gegenteiliger Behauptungen: Die wirkliche Wirklichkeit ist stets eine andere als die literarisch hervorgerufene. Die frommen Hymnen der religiösen Inbrunst und der Erlösungssehnsucht haben die Geschäfte nicht gehindert und die Verbrechen nicht verhindert. Ja, noch die global bekannteste und demnächst ebenso global vergessene weltliche Hymne, nämlich die »Internationale«, ist schließlich zum Liedertafelbestandteil von Parteiversammlungen und Veteranentreffen geworden. Die Verdammten dieser Erde sind aufgewacht, um sich gegenseitig die Kehle durchzuschneiden und ein letztes Gefecht nach dem anderen zu veranstalten; das im Refrain beschworene Menschenrecht übertönt seine ständige Mißachtung und Verletzung. Der Knecht singt gern ein Freiheitslied, weil nur im Zustand der Bewußtseinslosigkeit Freiheit imaginiert werden kann. Dergestalt haben alle aufrüttelnden Gedichte und chorfähigen Appelle ihren psychohygienischen Zweck erfüllt.

Insofern irrt Heine, wenn er sagt, für Revolutionsklänge habe Tyrtäus junior die falsche Zeit und die falsche Zuhörerschaft gewählt. Die naive Erwartung, es bedürfe nur des richtigen Augenblickes und der richtigen Leute, damit die Macht des Wortes zur »materiellen Gewalt werde, wenn sie die Massen ergreift«, ist eine selbstbefriedigende, doch notwendige Einbildung für den politischen Dichter, um seinen übermenschlich großen Gestus durchzuhalten. Alle politischen Dichter, die wahrhaft genialen wie die unbedeutenden, eint der Aberglaube, ihre Zeilen würden durch Augen und Ohren der Empfänger stracks zur Aktion. Und Heinrich Manns oftmals mißbrauchte Sentenz, die Bücher von heute seien die Taten von morgen, impliziert nicht Literatur, sondern Propaganda. Kein Roman von Proust oder Kafka, kein Gedicht von Rimbaud oder Keats hätte sich dazu angeboten. Und nicht einmal Heines Gedichte haben den vom Dichter erhofften Auftrag erfüllt. Das hat er – wie man es diesem zu seinen Lebzeiten ungedruckten Gedicht entnehmen kann – wohl gewußt und hat es, entgegen dieser Einsicht, dennoch nicht glauben wollen. Weil die Vorbedingung unserer Kreativität reine Irrationalität ist.

NACHTGEDANKEN

Denk ich an Deutschland in der Nacht,
Dann bin ich um den Schlaf gebracht,
Ich kann nicht mehr die Augen schließen,
Und meine heißen Tränen fließen.

Die Jahre kommen und vergehn!
Seit ich die Mutter nicht gesehn,
Zwölf Jahre sind schon hingegangen;
Es wächst mein Sehnen und Verlangen.

Mein Sehnen und Verlangen wächst.
Die alte Frau hat mich behext,
Ich denke immer an die alte,
Die alte Frau, die Gott erhalte!

Die alte Frau hat mich so lieb,
Und in den Briefen, die sie schrieb,
Seh ich, wie ihre Hand gezittert,
Wie tief das Mutterherz erschüttert.

Die Mutter liegt mir stets im Sinn.
Zwölf lange Jahre flossen hin,
Zwölf lange Jahre sind verflossen,
Seit ich sie nicht ans Herz geschlossen.

Deutschland hat ewigen Bestand,
Es ist ein kerngesundes Land,
Mit seinen Eichen, seinen Linden,
Werd ich es immer wiederfinden.

Nach Deutschland lechzt ich nicht so sehr,
Wenn nicht die Mutter dorten wär;
Das Vaterland wird nie verderben,
Jedoch die alte Frau kann sterben.

Seit ich das Land verlassen hab,
So viele sanken dort ins Grab,
Die ich geliebt – wenn ich sie zähle,
So will verbluten meine Seele.

Und zählen muß ich – Mit der Zahl
Schwillt immer höher meine Qual,
Mir ist, als wälzten sich die Leichen
Auf meine Brust – Gottlob! sie weichen!

Gottlob! durch meine Fenster bricht
Französisch heitres Tageslicht;
Es kommt mein Weib, schön wie der Morgen,
Und lächelt fort die deutschen Sorgen.

Eckhard Heftrich

Der Mutter Land

»Ich weiß nicht, was soll es bedeuten ...« bis 1933 dürften die Anfangszeilen der Lore-Ley die bekanntesten Verse von Heine gewesen sein. Dann avancierten die ersten Zeilen von »Nachtgedanken« zur heimlichen Parole. Nach 1945 kam es zu einer inflatorischen Anwendung des geflügelten Wortes. Das ist bis heute so geblieben. Von Heine dergestalt Gebrauch zu machen, hatten die Exilliteraten ein größeres Recht als alle Späteren. Indessen wurden selbst die Verjagten von 1933 damit eher dem großen Vorfahren gerecht als seinem Gedicht, auch wenn sie noch wußten, daß diese Nachtgedanken 1843 den Zyklus »Zeitgedichte« schlossen, also auf ein Hier und Jetzt verwiesen.

Zwar ist vom Hier erst in der letzten Strophe die Rede, aber dies Frankreich ist schon da, während neun Strophen lang an das Dort gedacht wird. Hieße es nur Deutschland, wäre die Sache eindeutig. Aber Heine ist selten eindeutig. Auch wer nicht weiß, daß er die pure Tendenzpoesie verhöhnt hat, und auch wer die Entstehungsgeschichte nicht kennt, wird von der zweiten Strophe an wissen, daß es sich nicht um versifizierte Propaganda handelt.

Man hat rekonstruiert, daß den »Nachtgedanken« ein kürzeres Gedicht über den Trennungsschmerz und die Furcht um die kranke Mutter voraufging. Heine hat etliche Klagelieder geschrieben, in denen die Stimme aus der Fremde und nicht aus dem freieren Land jenseits des Rheins herübertönt und allein vom Heimweh kündet.

Kann man behaupten, er habe das ursprüngliche Gedicht verdorben, nur weil er es nicht beim Lyrischen beließ, sondern das Politische damit verband? Wohl kaum. Ohne den Anteil von Genie in seinem stupenden Talent hätte Heine vielleicht eine unsaubere Mischung zuwege gebracht, nicht aber die irisierende Verschmelzung von Gefühl und Ironie. Denn auch Ironie ist im Spiel, beim kerngesunden Land so gut wie bei der alten Frau, die Gott erhalte.

Meisterschaft verrät sich schon durch die Kunst, mit der in der ersten Zeile das drohende Leiern des vierhebigen Jambus mit Paarreimen gebannt wird. Dem Metrum zufolge liegt ja die taktbestimmende Hebung auf dem »ich«. Aber der natürliche Rhythmus nähert den Anfang dem musikalischeren Daktylus an: »*Denk* ich ...« Das wiederholt sich in der Mitte mit dem Wort »Deutschland«.

Ein Jahrhundert vor Heines Zeitgedicht hatte Edward Young in seinen »Nachtgedanken« den Tod von Anverwandten betrauert. Dem Buch war auch in Deutschland ein enormer Erfolg beschieden, nicht des Jenseitstrostes, sondern des Klagens wegen, bis in die gebrochene Spätromantik hinein. Heines Hoffnung ist nicht aufs Jenseits gerichtet, und darum bleibt sie so bedroht von den Jahren und all den Toten, in denen sich der Verlust summiert. Ist Heimat wirklich dort, wo die Toten ruhn? Hier ruhen sie nicht, es ist ja von den Phantasmen der Nacht die Rede, sie heißen gar Leichen. Die Sehnsucht gilt dem Lande um der Lebenden willen.

Daher tönt heimlich das unausgesprochene Wort Mutterland durch die lautstarke Einheit von Deutschland und Vaterland. Dieses Land wird nicht mit dem System gleichgesetzt, das jene ins Exil zwingt, die auch die Freiheit der anderen lieben. Doch kann von solchem Land nicht anders mehr gesprochen werden als von seiner romantischen Poesie, für die hier Eichen und Linden stehen, also ironisch. Daß das Land gesund genug wäre, um auch die Krankheit der Restauration heil zu überstehen, bleibt eine etwas bleiche Hoffnung. Doch ist die Wirklichkeit, gottlob, mehr als ein Versprechen, konkreter auch als der die Völker umtreibende Geist von 1789: »Ma femme…, belle comme l'aurore« (Meine Frau…, schön wie die Morgenröte) heißt diese Wirklichkeit in Heines eigener französischer Version.

Das neue Israelitische Hospital zu Hamburg

Ein Hospital für arme, kranke Juden,
Für Menschenkinder, welche dreifach elend,
Behaftet mit den bösen drei Gebresten,
Mit Armut, Körperschmerz und Judentume!

Das schlimmste von den dreien ist das letzte,
Das tausendjährige Familienübel,
Die aus dem Niltal mitgeschleppte Plage,
Der altegyptisch ungesunde Glauben.

Unheilbar tiefes Leid! Dagegen helfen
Nicht Dampfbad, Dusche, nicht die Apparate
Der Chirurgie, noch all die Arzeneien,
Die dieses Haus den siechen Gästen bietet.

Wird einst die Zeit die ewige Göttin, tilgen
Das dunkle Weh, das sich vererbt vom Vater
Herunter auf den Sohn, – wird einst der Enkel
Genesen und vernünftig sein und glücklich?

Ich weiß es nicht! Doch mittlerweile wollen
Wir preisen jenes Herz, das klug und liebreich
Zu lindern suchte, was der Lindrung fähig,
Zeitlichen Balsam träufelnd in die Wunden.

Der teure Mann! Er baute hier ein Obdach
Für Leiden, welche heilbar durch die Künste

Des Arztes (oder auch des Todes!), sorgte
Für Polster, Labetrank, Wartung und Pflege –

Ein Mann der Tat, tat er was eben tunlich;
Für gute Werke gab er hin den Taglohn
Am Abend seines Lebens, menschenfreundlich,
Durch Wohltun sich erholend von der Arbeit.

Er gab mit reicher Hand – doch reichre Spende
Entrollte manchmal seinem Aug, die Träne,
Die kostbar schöne Träne, die er weinte
Ob der unheilbar großen Brüderkrankheit.

Hans Otto Horch

Die unheilbar große Brüderkrankheit

»An den Mann, der gefunden, daß daß beste was an mir ist, daß ich sein Name führe –« – so adressiert der Hamburger Bankier Salomon Heine im Dezember 1843 einen Brief an seinen Neffen Heinrich. Gerade erst war dieser von jener etwa zweimonatigen Deutschland-Reise aus Hamburg nach Paris zurückgekehrt, die äußerer Anlaß der Niederschrift von »Deutschland. Ein Wintermärchen« werden sollte.

Die launige Adresse Salomons weist auf das zwischen Zuneigung und Groll changierende Verhältnis von Onkel und Neffe, das geprägt war von zwei kaum miteinander zu vermittelnden Prinzipien jüdischen wie allgemein-bürgerlichen Selbstverständnisses: Geld und Geist, Besitz und Bildung. Daß Besitz sozial verpflichtet, war dem gläubigen Juden Salomon Heine selbstverständlich, und so setzte er sich im Sinne der religiösen Pflicht zur Wohltätigkeit nicht nur für seine Familie und nicht allein für bedürftige Juden ein, sondern auch – etwa nach dem schlimmen Hamburger Brand von 1842 – für leidende Christen. Heinrich hatte 1837 eine von Salomon gegründete Vorschußkasse für »unbemittelte hiesige Einwohner« als Institut diskreditiert, »um heruntergekommene Schacherer wieder auf die Beine zu bringen«; nun, im Herbst 1843, sah er die Wohltätigkeit seines Onkels in einem besseren Licht, hoffte wohl auch wie Hirsch-Hyazinth in den »Bädern von Lucca«, daß er von ihm »ganz famillionär« behandelt würde.

Am 7. September 1843 war das von Salomon Heine zum Gedenken an seine 1837 verstorbene Frau Betty gestiftete Krankenhaus der Hamburger Israelitischen Gemeinde eröffnet worden; vom November 1843 datiert die Reinschrift des zu diesem Anlaß verfaßten Heineschen Gedichts. Es ist also ein Gelegenheitsgedicht, das allerdings programmatischen Charakter besitzt – wohl ein Grund, warum Heine es in den Zyklus »Zeitgedichte« der »Neuen Gedichte« (1844) integriert. Der Panegyrikus auf Onkel Salomons Wohltätigkeit bildet dabei eher die Oberfläche; immerhin gelingt er so überzeugend, daß Joseph Mendelssohn 1845 das Gedicht in sein Gedenkbuch für den Ende 1844 verstorbenen Salomon Heine aufnimmt.

In einer tieferen Dimension zeugt das Gedicht von einer schmerzlichen Empörung: Geschrieben als einziges der Zeitgedichte im Versmaß der Tragödie wie des für die Geschichte der Emanzipation so bedeutsamen Lessingschen »Nathan«, dem reimlosen fünfhebigen Jambus, beklagt es nicht nur die Tragik des jüdischen Emanzipationsprozesses seit der Aufklärung, der europaweit durch immer wieder aufflammenden Antisemitismus vereitelt zu werden droht, sondern der jüdischen Geschichte als ganzer. Es ist eine böse Trias der »Gebresten«, die Heine hier zusammenspannt – »Armut, Körperschmerz und Judentum«.

Noch provokanter erscheint aber seine Kennzeichnung des Judentums selbst: Der Glaube der Vorfahren wird als ansteckende Krankheit beklagt, die »unheilbar tiefes Leid« mit sich gebracht habe. In einer ersten Fassung der zweiten Strophe hieß es gar: »Der in den Geist zurückgetretne Aussatz, / Die altegyptisch heilge Glaubensseuche« – eine schrille Polemik gegen den jüdisch-christlichen Monotheismus, der Heine um diese Zeit noch als ödes »nazarenisches« Gegenbild wider den sinnenfrohen Polytheismus des ›Hellenentums‹ erscheint. Im Buch über Ludwig Börne hatte Heine wenige Jahre zuvor diesen Gegensatz gleichsam anthropologisch fundiert: »alle Menschen sind entweder Juden oder Hellenen, Menschen mit ascetischen, bildfeindlichen, vergeistigungssüchtigen Trieben, oder Menschen von lebensheiterem, entfaltungsstolzem und realistischem Wesen.«

Nur wenige Jahre später wäre ein Gedicht gegen die »unheilbar große Brüderkrankheit« in dieser Schärfe wohl nicht mehr möglich gewesen. Heines Wertschätzung für die Bibel als das »portative Vaterland« der Juden hatte auch in einer Zeit des Kampfes gegen das »Nazarenertum« nicht nachgelassen; nun, auf seiner »Matratzengruft«, fand er zu einem Judentum zurück, dessen Geschichte für ihn in seiner Jugend im Umkreis des Berliner »Vereins für Cultur und Wissenschaft der Juden« zu einer Quelle poetischer Inspiration geworden war. Angesichts eines Übermaßes an Schmerzen gab Heine der Gedanke an Jehovah Halt, mit dem er wie Hiob hadern konnte. Die Synagoge freilich blieb ihm so fremd wie zuvor, und Versuche gar, ihn als reuigen Sünder für die Kirche zu reklamieren, nötigten ihm nichts als spöttische Verachtung ab.

DOKTRIN

Schlage die Trommel und fürchte dich nicht,
Und küsse die Marketenderin!
Das ist die ganze Wissenschaft,
Das ist der Bücher tiefster Sinn.

Trommle die Leute aus dem Schlaf,
Trommle Reveille mit Jugendkraft,
Marschiere trommelnd immer voran,
Das ist die ganze Wissenschaft.

Das ist die Hegelsche Philosophie,
Das ist der Bücher tiefster Sinn!
Ich hab sie begriffen, weil ich gescheit,
Und weil ich ein guter Tambour bin.

Hans Daiber

Die Tiefe an der Oberfläche

Für mich ist das die Hymne des Journalismus, eines relativ fröhlichen Kriegs, denn die Getroffenen bleiben am Leben. Das Trommelmotiv gibt es öfter bei Heine, da schlagen vielleicht die Kindheitserinnerungen durch, die er im Buch Le Grand übertrieb. Die Marketenderin taucht ebenfalls noch anderweitig auf, sie ist nur herzhaftes Dekor. Wenn man ihren Auftritt hier als Rat auffaßt, auch sein Vergnügen in der Branche zu suchen, dann ist sie doppelt gerechtfertigt.

Ernster ist's mit der Hegelschen Philosophie. Als Harry Heine in Berlin Jura studierte, verglich man den grämlichen, ältlichen, schwäbelnden, sich verklausulierenden Professor Hegel mit Aristoteles, Alexander, sogar mit Christus, und Heine wurde einer seiner Jünger. Die Steigerung des Selbstgefühls, die Hegel verursachte, hat Heine sich erhalten, obwohl er sich allmählich immer mehr von ihm distanzierte.

Als er das Gedicht »Doktrin« schrieb (1842), das sogleich in der Pariser »Deutschen Zeitung« veröffentlicht wurde, war Hegel schon elf Jahre tot. Als man »Doktrin« im »Vorwärts!« (damals noch mit Ausrufungszeichen) lesen konnte (1844) und bald darauf im Buch, äußerte Heine sich spöttisch über den »Maestro«. Und noch einmal zehn Jahres später nannte er ihn eine »Bruthenne« auf »fatalen Eiern«.

Heine hat die Hegelsche Doktrin nie geprüft, ein Philosoph ist er nie gewesen, aber ihre politische Bedeutung hat er vorausgesehen – auch daß man sie rechtsherum und linksherum exerzieren kann. Er hat also das Wesentliche durchaus erkannt, obwohl er Hegel im Detail »ehrlich gesagt, selten verstand«, und »Doktrin« ist sogar ein Bekenntnis zur Simplifikation. Die Leichtfertigkeit des Gedichts ist sein Charme; in der gebotenen Eile ins Schwarze treffen, das ist es, was man Heine als Journalist neiden kann. Divinatorisch erkannte er die Tiefe an der Oberfläche.

Das Gedicht ist scheinbar schnell geschrieben; aber die Lässigkeit ist kalkuliert, schnell geschrieben hat Heine nie. Was sich leichtfertig gibt, wurde nicht leicht fertig. Die purzelnden Daktylen täuschen das vor, zumal da sie schadhaft sind, nämlich trochäisch gebremst. Diese Bremswirkung hebt »Marketenderin«, »ganze Wissenschaft«, »Bücher tiefster Sinn«, »Leute aus dem Schlaf«, »Reveille mit Jugendkraft« stark hervor, zumal man in Versuchung ist, den trommelnden Daktylus beizubehalten und Silben zu doppeln: Máharketéhenderín. Diese prosaischen Brechungen sind gewiß Berechnung. Dreimal bringt ein Auftakt die Versfüße vorübergehend ins Stolpern. Daß zwei Zeilen wiederholt werden, steigert Behauptungen zu Beteuerungen: es sei wirklich nicht mehr dran an den Büchern und der Wissenschaft. Zwölf Zeilen waren ihm offenbar schon zuviel, um die fundamentale, aber einfache Lehre zu formulieren.

Hat Heine mit anmutiger Geste ein glänzendes Senkblei geworfen? Es ist wohl nur ein versilberter Korken. Hätten seine Worte das volle Gewicht, sie wären längst untergegangen. So aber bleibt das Rezept für mediengerechtes Verhalten publik: furchtlos trommelnd voranzugehen.

Pomare

Sie tanzt. Wie sie das Leibchen wiegt!
Wie jedes Glied sich zierlich biegt!
Das ist ein Flattern und ein Schwingen,
Um wahrlich aus der Haut zu springen.

Sie tanzt. Wenn sie sich wirbelnd dreht
Auf einem Fuß, und stille steht
Am End mit ausgestreckten Armen,
Mag Gott sich meiner Vernunft erbarmen!

Sie tanzt. Derselbe Tanz ist das,
Den einst die Tochter Herodias'
Getanzt vor dem Judenkönig Herodes.
Ihr Auge sprüht wie Blitze des Todes.

Sie tanzt mich rasend – ich werde toll –
Sprich, Weib, was ich dir schenken soll?
Du lächelst? Heda! Trabanten! Läufer!
Man schlage ab das Haupt dem Täufer!

Dieter Borchmeyer

Die Poesie tanzt

Sie tanzt. Wer? »Königin Pomare«, die unter diesem Künstlernamen im Pariser Jardin Mabille das Halbwelt-Publikum berückende Cancan-Tänzerin Elise Sergent. Ihr hat Heinrich Heine einen Zyklus von Gedichten im »Romanzero« gewidmet, der mit dem Jauchzen der Liebesgötter im Herzen des Dichters beginnt und in parodiert barocker *Memento-mori*-Manier mit der Betrachtung ihres Todes endet.

Sie tanzt. Wer? Heines Muse selber. Auf den ersten Blick erscheint sein Gedicht höchst akkurat gebaut. Vier Strophen mit vier Versen aus vierfüßigen Jamben, deren erstes Paar jeweils mit männlicher und deren zweites mit weiblicher Kadenz schließt. Regulärer geht es eigentlich nicht. Doch wie der Dichter aus der Haut, so wollen die Verse aus ihrem Metrum springen. Immer wieder tanzen sie aus der Reihe ihres jambischen Maßes, wenn der Poet seine Vernunft zu verlieren droht. Es zuckt ihm in den Beinen, man spürt fast körperlich den Wirbel des exzentrischen Tanzes in diesen Strophen. Kein anderer deutscher Dichter hat seine Verskunst derart tanzen gelehrt.

»Herodias II.« sollte das Gedicht ursprünglich heißen. Richtiger wäre gewesen »Salome II.«, aber die biblische Herodias ist immer wieder mit ihrer Tochter, die Herodes um den Verstand tanzte, identifiziert worden, so auch im Caput XIX von Heines »Atta Troll«, wo Herodias-Salome, das Haupt des Johannes in der Hand, mit Dianas Wilder Jagd an den Dichter vorbeizieht und ihn mit ihrem

Blick betört: *Warum hast du mich so zärtlich / Angesehn, Herodias?* Herodias II. betört nun aber nicht durch ihre Blicke, sondern durch ihre Beine.

Der Tanz ist als Ausbund der Lebenslust für Heinrich Heine die einzige Kunst, die sich dem Spiritualismus des Christentums stets mit Erfolg widersetzt hat. In ihm feiern die antiken Freudengötter ihr letztes Fest. Freilich, sein wahres Wesen entfaltet der Tanz nicht im »christianisierten« klassischen Bühnen- und Gesellschaftstanz, sondern in der obszönen Vitalität des Cancan, dessen laszive Posituren Heine immer wieder an die Bacchantenzüge an antiken Vasen und Basreliefs gemahnen.

In seinem Essay »Die Götter im Exil« erzählt er die Volkslegende von den Bacchanalen, welche Dionysos und sein berauschtes Personal heute noch in Tempelruinen, abgeschiedenen Wäldern oder unterirdischen Höhlen feiern, wo sie »noch einmal den Freudentanz des Heidentums, den Cancan der antiken Welt tanzen, ganz ohne hypokritische Verhüllung, ganz ohne Dazwischenkunft der Sergeants-de-Ville einer spiritualistischen Moral«. Diese Sergeants-de-Ville pflegten nämlich in den Pariser Ballsälen gegen die Cancan-Tänzer einzuschreiten, wenn gar zu deutlich wurde, daß in diesem entfesselten Tanz, der die gesellschaftliche Ordnung zu gefährden schien – einen Tanz auf dem Vulkan nennt Heine ihn – »der unmittelbare Akt der Begattung sich symbolisch vollzieht« (so Richard Wagner über den Cancan in seinen »Erinnerungen an Auber«).

Freilich, der Schatten des Christentums läßt sich auch vom Cancan nicht verscheuchen. Nach einem bretonischen Volkslied, das Heine in der »Lutetia« erwähnt, ist der Tanz verflucht, »seit die Tochter der Herodias vor dem argen Könige tanzte, der ihr zu Gefallen Johannes töten ließ«. Die Quelle der Lust ist vergiftet, die tanzende Muse eine Verderberin. Oscar Wildes »Salomé« wirft ihre Schatten voraus. Der von Pomare rasend getanzte Poet wird zu einem zweiten Herodes. Der Dichter, der sich dem Tanz verschreibt, ist wie dieser verflucht – ein *poète maudit*. Das ist für Heine das Verhängnis der Sinnlichkeit in der christlichen Welt.

An die Jungen

Laß dich nicht kirren, laß dich nicht wirren
Durch goldne Äpfel in deinem Lauf!
Die Schwerter klirren, die Pfeile schwirren,
Doch halten sie nicht den Helden auf.

Ein kühnes Beginnen ist halbes Gewinnen,
Ein Alexander erbeutet die Welt!
Kein langes Besinnen! die Königinnen
Erwarten schon kniend den Sieger im Zelt.

Wir wagen, wir werben! besteigen als Erben
Des alten Darius Bett und Thron.
O süßes Verderben! o blühendes Sterben!
Berauschter Triumphtod zu Babylon!

Werner Ross

Der bittere Geschmack des Triumphs

Dieses Gedicht ist nicht im Heineton, in einem der Heinetöne, geschrieben. Es stößt stürmisch vor, fanfarenschmetternd, die End- und Binnenreime wirken wie schnelles rhythmisches Beifallklatschen. Furios und glorios wird zur Welteroberung geschritten, und zur Welt als einem eher unverdaulichen Objekt gesellen sich die Frauen, nichts Geringeres als Königinnen, gleich mehrere, kniend, wie sich's gehört. Krieg wird noch auf altertümliche Weise geführt, mit Schwert und Pfeil, und es gibt einen wirklichen Helden, der heißt Alexander und hat tatsächlich mit dreißig ein gewaltiges Stück Welt im Sturm genommen.

Aber Heine meint nicht Alexander. Das Gedicht ist ein Aufruf zu frischer Eroberungstat, es ist ja überschrieben »An die Jungen«. In der ersten Strophe ist es an einen einzelnen gerichtet, den neuen Alexander offenbar, in der dritten spricht eine Mehrzahl, die Schar, die mit dem Eroberer die Beute teilt.

Wir ahnen, wer der Held ist, der da so siegessicher vorprescht. Heine war alt, krank und müde, als er dieses Gedicht schrieb. Es erschien zuerst 1847 und wurde dann in den »Romanzero« aufgenommen, in das zweite Buch, das »Lamentationen« betitelt und also keineswegs für Triumphgesänge geeignet ist.

Im Jahr 1846 war Ferdinand Lassal, der sich alsbald in Lassalle umbenannte, nach Paris gekommen und hatte mit Heine Freundschaft geschlossen. Lassalle hatte Hegel gelesen und seinem Vater mitgeteilt, daß er sich nun in seiner dritten Phase befinde, die ihn zur sich selbst erfassenden Vernunft, »d.h. zum selbstbewußten Gott« gemacht habe. Heine bewunderte den jungen Mann, er sah in ihm den Vertreter eines neuen Zeitalters, das »nichts von jener Entsagung und Bescheidenheit wissen will, womit wir uns mehr oder weniger heuchlerisch in unserer Zeit hindurchgelungert und hindurchgefaselt ...«

Lassalle war der Sieger und machte kein Hehl daraus. Er, der Itzig (so nannte ihn Karl Marx), hatte die Gräfin Hatzfeldt, eine Dame aus fürstlichem Geblüt, erobert, beinahe eine Königin. Als er später in vollbesetzten Sälen für seine Partei agitierte, meinte er, »so müsse es bei der Stiftung neuer Religionen ausgesehen haben«. Die Freundschaft zerschlug sich bald, denn Lassalle erwartete von Heine Vasallendienste.

Wenn das Gedicht ihn meint (vielleicht auch noch Karl Marx, der es ja auch nicht unter hohem Adel tat), dann ist dieser lyrische Siegeslauf mit Bitterkeit unterlegt. Heine, der Emigrant, Heine, der Trommler ohne Armee, Heine, der zu Tode Verwundete – und an ihm vorbei marschieren nun die Bataillone der neuen Zeit, an ihrer Spitze der junge Jude aus Breslau, dem der Vater das Geld nachwirft, der rauschende Champagner-Soireen veranstaltet. Darum ist dieses Heldenlied ganz auf die Schlußpointe hin angelegt, die im gleichen Rhythmus, als ginge es mit dem Siegen immer so weiter, mit den gleichen gleißenden Vokabeln, mit »süß« und »blühend«, den Sturz, das Ende beschreibt: »Berauschter Triumphtod zu Babylon!«

Heine kann nicht umhin, sich und die anderen an jene Ballade zu erinnern, die er schon mit sechzehn, den Klang der Synagogengesänge noch im Ohr, gedichtet hatte, von dem gotteslästerlichen König Belsatzar. In den Rausch der Sieger-Überheblichkeit tritt unbemerkt und unvermittelt der Tod. Heine hat aus Triumph und Tod *ein* Wort gemacht. Wenn er Lassalle meint: Was für eine Prophezeiung! Was für ein genauer Bezug zur angemaßten Göttlichkeit! Heine konnte nicht mehr erfahren, daß Lassalle mit neununddreißig starb, nicht sehr viel älter als Alexander, im Duell für eine seiner adligen Damen.

Zur Zeit der Freundschaftsblüte schrieb Heine an Lassalle: »Wohl haben Sie das Recht, frech zu sein ... In Vergleichung mit Ihnen bin ich doch nur eine bescheidene Fliege.« Aber diese Fliege summt noch immer; Lassalle mit zwölf Bänden gesammelter Schriften und Reden ist ziemlich tot.

Die schlesischen Weber

Im düstern Auge keine Träne,
Sie sitzen am Webstuhl und fletschen die Zähne:
»Deutschland, wir weben dein Leichentuch,
Wir weben hinein den dreifachen Fluch –
  Wir weben, wir weben!

Ein Fluch dem Gotte, zu dem wir gebeten
In Winterskälte und Hungersnöten;
Wir haben vergebens gehofft und geharrt,
Er hat uns geäfft und gefoppt und genarrt –
  Wir weben, wir weben!

Ein Fluch dem König, dem König der Reichen,
Den unser Elend nicht konnte erweichen,
Der den letzten Groschen von uns erpreßt
Und uns wie Hunde erschießen läßt –
  Wir weben, wir weben!

Ein Fluch dem falschen Vaterlande,
Wo nur gedeihen Schmach und Schande,
Wo jede Blume früh geknickt,
Wo Fäulnis und Moder den Wurm erquickt –
  Wir weben, wir weben!

Das Schiffchen fliegt, der Webstuhl kracht,
Wir weben emsig Tag und Nacht –
Altdeutschland, wir weben dein Leichentuch,
Wir weben hinein den dreifachen Fluch,
  Wir weben, wir weben!«

Eckart Klessmann

Keine deutsche Marseillaise

Am 4. Juni 1844 stürmten einige hundert halbverhungerte Weber das Haus ihres Arbeitgebers in Peterswaldau; tags darauf zählte man schon dreitausend in Langenbielau im Aus- und Aufstand. Preußisches Militär rückte an und feuerte rücksichtslos auf die Entrechteten: elf Tote und zahlreiche Verletzte blieben auf dem Platz, auch Frauen und Kinder befanden sich unter den Opfern.

Die Nachricht von der brutalen Niederschlagung dieser Hungerrevolte ging durch die Presse, und aus der Zeitung erfuhr auch Heinrich Heine von den Vorfällen. Schon am 10.Juli 1844 erschien sein Gedicht »Die schlesischen Weber« im *Vorwärts* und kursierte dann bald als Flugblatt in Deutschland. In Preußen empfand man die Strophen als Majestätsbeleidigung; öffentliches Rezitieren in Wirtshäusern wurde mit zwei Jahren Gefängnis geahndet.

Die uns heute vertraute Fassung in fünf Strophen entstand 1845 und wurde im Oktober 1846 veröffentlicht. Von den politischen Gedichten Heines ist keines so populär geworden wie dieses. Es sei die »Marseillaise der deutschen Arbeiter« schrieb 1847 begeistert ein französisches Journal. Zweifellos prägt Heines Verse ein hämmernder Rhythmus, aber eine Marseillaise? Der Gesang aus den Tagen der Französischen Revolution ist getragen vom revolutionären Elan, von Siegeswillen und Zuversicht. Aber davon ist in Heines Gedicht nichts zu finden. Den hämmernden Rhythmus liefert der Webstuhl; sein Maß be-

stimmt den Alltag jener, die an ihn gekettet sind wie einst die Galeerensklaven an ihre Ruderbänke.
Die Marseillaise war und ist ein Lied begeisterter Patrioten. Doch hier sprechen nicht Patrioten, sondern Menschen, die sich von ihrem Vaterland verraten wissen. Dabei greift Heine geschickt auf jene Parole zurück, mit der 1813 die preußischen Soldaten und Kriegsfreiwilligen in den Kampf gegen Napoleon gezogen waren: Mit Gott für König und Vaterland!
Mit Gott? Der erwies sich im Bunde mit jenen, die das Geld und die Macht besitzen und für die Barmherzigkeit ein Wort ist, das man gern von der Kanzel hört, damit man es dann im täglichen Leben nicht mehr zur Tat werden lassen muß. Schließlich hatte Gott nach seinem unerforschlichen Ratschluß nun einmal Arme und Reiche geschaffen und selber die Obrigkeit eingesetzt, die sich auf ihn berief. Da standen Thron und Altar ganz fest zusammen.
Und der König? Friedrich Wilhelm IV. von Preußen, den man sentimental den »Romantiker auf dem Thron« nannte, gab sich zwar liberal, wenn ihm Bettina von Arnim ihren Report über das Arbeiterelend präsentieren durfte, aber damit hatte es dann auch sein Bewenden. Bettina mochte Unziemliches drucken lassen, der König ließ – wenn überhaupt – es lesen und schwieg.
Blieb das Vaterland. Auch unter den schlesischen Webern mögen 1813 einige gewesen sein, die als Patrioten gegen die Franzosen gekämpft hatten. Das Vaterland hatte es ihnen nicht gedankt. Schon das Verfassungsversprechen des Königs galt nach dem Sieg nicht mehr, und jeder machte sich strafbar, der daran zu erinnern wagte. Das Vaterland verhinderte jeden Ansatz von Reform oder sozialer Gerechtigkeit.

Die Bibel sagt von Gott (in Luthers Übersetzung): »In ihm leben, weben und sind wir«, und das Verb »weben« steht hier in seiner Assonanz als Inbegriff menschlichen Tuns. Bei Heine lautet der sich einhämmernde Refrain der fünf Strophen »wir weben, wir weben« und bezeichnet die Arbeit eines Vierundzwanzigstundentags: Arbeiten ums Verrecken.

Das Elend der schlesischen Weber, das wohl den meisten Zeitgenossen erst durch Heines Verse bekannt wurde, hat in der Nachfolge Gerhart Hauptmann zu seinem Drama »Die Weber« (1891) und Käthe Kollwitz zu einem Graphik-Zyklus (1897) inspiriert. Es könnte sein, daß Heines Gedicht viele hat erkennen lassen, daß Gott, König und Vaterland nicht nur für militärische Erfolge die Verantwortung tragen.

Der Asra

*Täglich ging die wunderschöne
Sultanstochter auf und nieder
Um die Abendzeit am Springbrunn,
Wo die weißen Wasser plätschern.*

*Täglich stand der junge Sklave
Um die Abendzeit am Springbrunn,
Wo die weißen Wasser plätschern;
Täglich ward er bleich und bleicher.*

*Eines Abends trat die Fürstin
Auf ihn zu mit raschen Worten:
Deinen Namen will ich wissen,
Deine Heimat, deine Sippschaft!*

*Und der Sklave sprach: Ich heiße
Mohamet, ich bin aus Yemmen,
Und mein Stamm sind jene Asra,
Welche sterben, wenn sie lieben.*

Joseph Anton Kruse

Liebe als Krankheit zum Tod

Gerade die letzte Zeile hat es vielen Heine-Lesern angetan: ein Nebensatz als tragische Pointe einer Liebesgeschichte, die dort endet, wo eigentlich ihr Beginn hätte sein können. Endlich das erste Gespräch, die erste Verständigung über größte Klassenunterschiede hinweg. Das Interesse der Sultanstochter gilt ohne Rücksicht auf den gesellschaftlichen Abstand der Person des Sklaven. Worüber ist sie mehr beunruhigt: Darüber, daß sie ihn heimlich begehrt – oder über seinen äußeren Verfall? Sie möchte ihn besitzen, indem sie alles, was ihn betrifft, erfährt. Er gesteht ihr seine Liebe durch die Nennung der Herkunft, die alles verrät.

Der Asra nämlich gehört zu jenen, deren Liebe gleichzeitig Krankheit zum Tode bedeutet. Krank vor Liebe, gibt es für ihn keine Rettung mehr. Damit sind beide Liebenden verloren. Heine, der früher die Emanzipation des Fleisches verkündet hatte, läßt hier den Spiritualismus triumphieren. Denn diese Liebe findet ihre Erfüllung erst jenseits von Leben und physischem Glück. Sie ist mit dem Sterben identisch, überwindet auf diese Weise alle sozialen Barrieren und macht gleich. Eine Gleichheit, die aus der vergänglichen Natur selbst erwächst, aus unserem Trieb zum Tode, der erst die schrankenlose Vereinigung ermöglicht.

Die Schlußzeile mit ihrer Verschmelzung von Liebe und Tod vor dem Hintergrund der Jugend verdankt ihre Wirkung auch einem sprachlichen Mittel, dem Stabreim.

Überhaupt muß man die vier Strophen einmal mit Hilfe aller einander entsprechenden Stabreime zu lesen versuchen. Sie markieren als besonders intime Form der Wiederholung die tödliche Konsequenz dieser Geschichte, die im orientalischen Palastgarten aus 1001 Nacht spielt. Der tägliche Abendspaziergang der Sultanstochter ist Anlaß, nicht Ursache für die unheilbare Sehnsucht des Sklaven.
Ausgangspunkt der Liebesgeschichte ist die weibliche Schönheit. Die Fürstin ist sogar »wunderschön«; deshalb »ward« der Sklave immer bleicher. Mit raschen »Worten« »will« sie endlich »wissen«, wer er ist. Die letzte Zeile des Gedichts enthält dann die abgründige Antwort des Mannes: »Welche sterben, wenn sie lieben.« Der Stabreim bildet gewissermaßen den inneren Zirkel des Gedichts und gibt ihm einen sublimen Zusammenhalt. Aber auch die vokalischen Gleichklänge dienen als verbindende Elemente, sogar als Ersatz für den Endreim. Ihn glaubt man ohne Frage vorhanden, so sehr klingen die Verse. Die Wiederholungen von Worten und ganzen Zeilen, die eleganten Zeilensprünge, selbst das überleitende »Und« zu Beginn der letzten Strophe fügen diesem Eindruck das Ihre hinzu.
Der strenge Aufbau in zwei Teile dämpft die Sentimentalität. Die beiden ersten Strophen beschreiben das Szenarium, in dem sich die Sultanstochter bewegt, während der Sklave seine genau korrespondierende unbewegliche Rolle spielt. Auch der von ihr in Gang gesetzte Dialog der beiden letzten Strophen lebt aus der Entsprechung. Alle Fragen werden der Reihe nach gelöst, das Rätsel seiner Person gelüftet. Doch gerade dadurch endet das Drama in der paradoxen Einheit von Liebe und Tod.
Als »Der Asra« 1846 im »Morgenblatt für gebildete

Stände« erschien, war Heine schon von seiner Krankheit gezeichnet, aber noch nicht an die »Matratzengruft« gefesselt. Der endgültige Platz des Gedichts im Zyklus »Historien« des »Romanzero«-Bandes von 1851 drückt dann auch diesem Text, der zu den konzentriertesten und kürzesten dieser Sammlung gehört, den Stempel der Botschaft eines Todkranken auf. Heine nimmt von seinen Lesern Abschied und resümiert Themen und Einsichten seines Lebens.

Das Publikum kannte ihn aus dem »Buch der Lieder« von 1827 als den unglücklich-ironischen Liebhaber. Es hatte ihn als desillusionierten, vom Liebes-»Fasching« des Pariser Großstadtlebens enttäuschten Lebemann in den »Neuen Gedichten« von 1844 kritisiert. Im »Romanzero« sieht der Autor von den privaten Irritationen ab, denen er sich erst am Ende in den Gedichten an die »Mouche« wieder ausliefert. Hier erzählt er nur bittersüße, manchmal auch groteske Liebesgeschichten aus verschiedensten Ländern und Zeiten.

Helena

*Du hast mich beschworen aus dem Grab
Durch deinen Zauberwillen,
Belebtest mich mit Wollustgluth –
Jetzt kannst du die Gluth nicht stillen.*

*Preß deinen Mund an meinen Mund,
Der Menschen Odem ist göttlich!
Ich trinke deine Seele aus,
Die Todten sind unersättlich.*

Gert Ueding

Das unbefriedigte Weib

Auch wenn man nicht weiß, daß Heinrich Heine das kleine Gedicht zuerst im Oktober 1851 als Motto zu seinem »Tanzpoem« genannten Prosa-Libretto »Der Doktor Faust« veröffentlicht hat, verrät schon der erste Vers, daß hier nicht die Homerische Helena, sondern die magisch beschworene Wiedergängerin der Volkssage und des Goetheschen Dramas spricht. Nur von ferne vernimmt man noch die Phantasiebedürfnisse der Renaissance, deren magische Künste die wiederentdeckten vorbildlichen Gestalten der Antike leibhaftig aus dem Grab der Vergangenheit heraufrufen sollten. Doch Heines Helena ist weniger vom humanistischen Geist, gar vom Geist des humanistischen Gymnasiums, beseelt als vielmehr von der erotischen Freizügigkeit der Saint-Simonisten, deren Verherrlichung der sinnlichen Lust ihn einst von »dumme(r) Leiberquälerei« auch poetisch losgesprochen hatte.

Die schönste Frau des Altertums darf man sich getrost eher nach dem Modell einer Marilyn Monroe denn nach demjenigen der antiken Plastik vorstellen. Wobei ich freilich gleich hinzusetzen möchte, daß auch die griechischen Bildwerke zum erotischen Genuß gemacht waren und wir Winkelmann- und Gymnasium-Geschädigten mit unseren Primanerphantasien der historischen Wahrheit näherkamen als die meisten Pauker mit ihren anämischen Interpretationen. Diese Helena jedenfalls reiht sich zwanglos ein in die Schar der Dianas, Hortenses, Emmas oder Katharinas, die die erotischen Gelegenheitsgedichte Heines schon lange bevölkern und die Freuden der sinnlichen Liebe mal derb, mal graziös reklamieren. So hatte der Autor auch seine Gründe, wenn er Faust in diesem Rollengedicht namentlich gar nicht mehr auftreten läßt: dieser allein ist es gewiß nicht mehr, den Helena derart freimütig anspricht. Das unbefriedigte Weib redet zum Manne, der sie erweckte, ohne ihre »Wollustgluth« dann wirklich erschöpfend stillen zu können. Ihre Identifikation mit der trojanischen Helena ist daher nur vorläufig, eine mythologische Reminiszenz, von der sich das Triebgeschehen schnell löst, um in einer anderen Bildsphäre erneut zur Erscheinung zu kommen. Die aus dem Totenreich Heraufbeschworene und zum Liebes-Leben Erweckte erscheint dem Manne jetzt als seelenverzehrender, unersättlicher Vampir, der sein Dasein dem göttlichen Odem der Menschen verdankt. Mit aller Sehnsucht hatte er sie sich herbeigewünscht, jetzt wird er den Leib, den er gerufen, nicht mehr los.

Das sind männliche Angstphantasien, die aus der Unterlegenheit stammen – oder vielmehr aus der Unfähigkeit, die widersprüchlichen Liebeswünsche an die eine Frau zu richten: die zügellosen ebenso wie die zarten, die ausschweifenden wie die unschuldigen. Darin bleiben viele Primaner bis in ihr Alter: den Genuß des Fleisches suchen sie bei der Künstlerin Fröhlich oder einer ihrer lasterhaften Schwestern; an dem Mädchen, das sie geheiratet haben, lieben sie die schüchterne Weiblichkeit, und niemals erscheint sie ihnen auch als die Schöne der Nacht. Der Mechanismus ist hinlänglich bekannt, auch Heinrich Heine war nicht frei davon, wenn wir an die seelenschmerzliche Liebeslyrik des »Buchs der Lieder« und ihre leichtgeschürzten Gegenstücke in den »Verschiedenen

Gedichten« denken. Eine Dissonanz, die zwar auch in der »Helena« noch spürbar bleibt, aber jetzt nicht mehr das Hauptgewicht trägt: der Autor dieses Gedichts – man weiß es – ist seit drei Jahren an die Matratzengruft gefesselt und bloß noch ein Schatten seiner selbst.

Bereits die Strophenform signalisiert den Stimmungswechsel: in der Geschichte der deutschen Lyrik finden wir sie vor allem in Klage- und Totenliedern, in ihre Nachbarschaft gehört auch Heines Gedicht. Es ist eine elegische Meditation über den Tod, den die Liebe bringt, über die Wollust, die zerstört. Helena in jedem Weibe verkörpert die Einheit von Tod und Sexus, das schönste Weib ist doch eine Verlockung der Unterwelt. So stellt sich Heine illusionslos selbst Diagnose und Horoskop zugleich: so tot und unersättlich wie die magische Traumfigur wird auch ihr Adressat bald sein. Im Text des Tanz-Poems vom Doktor Faust wird die Verwandschaft noch deutlicher. Dort erscheint Helena schließlich als zu einer »fast zum Gerippe entfleischten Leiche« verwandelt – ein sprechendes Sinnbild für die Enttäuschung des Lebens, die auch ein hohes Paar wie diese beiden nicht verschont.

Autodafé

*Welke Veilchen, stäubge Locken,
Ein verblichen blaues Band,
Halb zerrissene Billette,
Längst vergeßner Herzenstand –*

*In die Flammen des Kamines
Werf ich sie verdroßnen Blicks;
Ängstlich knistern diese Trümmer
Meines Glücks und Mißgeschicks.*

*Liebeschwüre, flatterhafte
Falsche Eide, in den Schlot
Fliegen sie hinauf – es kichert
Unsichtbar der kleine Gott.*

*Bei den Flammen des Kamines
Sitz ich träumend, und ich seh,
Wie die Fünkchen in der Asche
Still verglühn – Gut Nacht – Ade!*

Helmut Koopmann

Abschied von der Liebe

Literarische Revisionen sind nicht gerade häufig. Wer erklärt schon gern ein früheres Unvermögen? Lessing hatte die Freiheit. Er fand, daß man über sein Jugendwerk noch lange nicht so viel Böses gesagt habe, als man hätte sagen können – und verwarf es. Max Frisch schrieb: »Öffentlichkeit als Partner? Ich finde glaubwürdigere Partner« – »Öffentlichkeit als Partner« ist der Titel eines zuvor von ihm veröffentlichten Bandes.

Diese Widerrufe leuchten uns ein. Aber was kann Heine veranlaßt haben, das zu verbrennen, was ihm lyrischen Weltruhm gebracht hatte? Denn wir wollen doch nicht ernsthaft annehmen, daß er einigen verstaubten Liebesplunder aus seiner Jugend mit nach Paris genommen hatte, um ihn schließlich dort in den Kamin zu werfen. Nein, vermutlich hat er anderes dem Feuer überantwortet. Verbrannt hat er gelegentlich tatsächlich etwas – dreimal, um genau zu sein. Das war, wie wir wissen, 1847, 1849/50 und 1851. Der Anlässe gab es manche. Einmal waren es Papiere zum Erbschaftsstreit, einmal war es etwas aus dem Bereich der Theologie und ein letztes Mal – das interessiert uns besonders – offenbar allgemein Literarisches. Die schönsten Giftblumen, so schreibt er an seinen Verleger Campe 1850, habe er mit entschlossener Hand ausgerissen und vielleicht dabei sogar manches unschuldige Nachbargewächs in den Kamin geworfen. Darunter seien, so berichtet er einem Besucher, auch »hübsche Sachen« gewesen. Und in Heines Nachwort zum »Romanzero« heißt es, er habe Gedichte, die nur halbwegs Anzüglichkeiten gegen den lieben Gott enthielten, mit »ängstlichem Eifer den Flammen überliefert«. Auf dieses Geständnis hin hat sein Freund Heinrich Laube ihm damals die einzig richtige Antwort gegeben: »Dein Autodafé ist eine unverantwortliche Albernheit.«

Nun ist mit keiner Zeile bei Heine allerdings die Rede davon, daß er tatsächlich Gedichte aus dem Umkreis des »Buches der Lieder« später dem Feuer überantwortet hätte. Was er damals geschrieben hatte, war alles veröffentlicht worden – und der Verleger wollte stets mehr von ihm, als er liefern konnte. So müssen wir das Gedicht also vermutlich auf doppelte Weise allegorisch lesen: Nicht Veilchen, Locken und ein blaues Band sind gemeint, sondern Gedichte, die davon handeln; und die Verbrennung ist keine wirkliche, sondern eine ideelle. Anders gesagt: Heine kehrt sich in der Zeit einer tiefen inneren Erschütterung von dem ab, was ihn einst berühmt gemacht hatte: von seiner erotischen Lyrik. Was Heine blieb, waren die »Hebräischen Melodien«. Im Bild des Lazarus hat er sich noch einmal in einem Gedichtzyklus selbst porträtiert.

Heines Gedicht ist ein Gedicht am Rande des Lebens, aber dennoch: Amor kichert bei diesem Autodafé, und der Dichter sieht seiner verbrennenden Romantik träumend, träumerisch nach. Der letzte große deutsche Romantiker endet nicht sauertöpfisch oder mit einem Gejammer über die schlechte Welt. Im Nachwort zum »Romanzero« heißt es: »Doch Geduld, alles hat sein Ende. Ihr werdet eines Morgens die Bude geschlossen finden, wo euch die Puppenspiele meines Humors so oft ergötzten.« Er schloß sie fünf Jahre nach dieser Feststellung. Doch die von ihm dem Feuer überantwortete Liebeslyrik wurde nicht zu Asche. Sie feierte eine glänzende literarische Wiederauferstehung – bis heute hin, durch viele Sprachen. Hier gilt einmal nicht der Satz von Gabriel García Márquez: »Ein guter Schriftsteller läßt sich besser nach dem beurteilen, was er vernichtet, als nach dem, was er veröffentlicht.«

GEDÄCHTNISFEIER

Keine Messe wird man singen,
Keinen Kadosch wird man sagen,
Nichts gesagt und nichts gesungen
Wird an meinen Sterbetagen.

Doch vielleicht an solchem Tage,
Wenn das Wetter schön und milde,
Geht spazieren auf Montmartre
Mit Paulinen Frau Mathilde.

Mit dem Kranz von Immortellen
Kommt sie, mir das Grab zu schmücken,
Und sie seufzet: »Pauvre homme!«
Feuchte Wehmut in den Blicken.

Leider wohn' ich viel zu hoch,
Und ich habe meiner Süßen
Keinen Stuhl hier anzubieten;
Ach! sie schwankt auf müden Füßen.

Süßes, dickes Kind, du darfst
Nicht zu Fuß nach Hause gehen;
An dem Barrière-Gitter
Siehst du die Fiaker stehen.

Friedrich Torberg

Blumen der Unsterblichkeit

In diesem Gedicht ist der ganze Heine. Wäre der Begriff »total« steigerungsfähig – man könnte es sein totalstes Gedicht nennen.
Er war ein evangelisch getaufter Jude, und was an ihm jüdisch war, ist trotz der Taufe jüdisch geblieben. Er hat sich oft genug seines Judentums besonnen, gern, ungern, wehmütig, kämpferisch, verzweifelt. Aber den Anspruch auf ein »Kadosch«-Gebet an seinen Sterbetagen hatte er verwirkt, das wußte er, und den Anspruch auf eine Messe hatte er nicht erworben, auch das wußte er. Im übrigen kennt der evangelische Ritus keine gesungenen Totenmessen, und das jüdische Gebet für die Sterbetage heißt »Jiskor«, nicht »Kadosch« (oder »Kadisch«). Natürlich wußte er auch das und hielt es mit Recht für unwichtig. Hier geht es ja nicht um liturgische Korrektheit, sondern um Bild und Stimmung des Gedenktags, um die fast schon klischierte Vision der Trauer, die sich einer gesungenen Messe und einem gesagten Kadosch beigesellt. Beides wird ihm versagt bleiben. Und darin ist eigentlich schon seine ganze Lebensgeschichte enthalten.
Nicht aber die Geschichte seines Schaffens, seines Werks, seines Ruhms. Denn daß »nichts« gesagt und gesungen würde, daß man seiner vergessen könnte – daran glaubt er ja selbst nicht. Wenn er dennoch so tut, geschieht es mit dem koketten Zwinkern dessen, der sich des Gegenteils sicher weiß. Er hat es längst zu Protokoll gegeben: »Nennt man die besten Namen, so wird auch der meine genannt.«

Die Koketterie setzt sich in die nächste Strophe fort, in die skeptische Einschränkung, daß Frau Mathilde sein Grab »vielleicht« besuchen wird, »wenn das Wetter schön und milde«. Sonst vielleicht nicht. Und was sie auf den Montmartre lockt, ist nicht der Friedhofsbesuch allein, sondern gleichermaßen ein Spaziergang mit Paulinen, ihrer Freundin, über die er sich als »Mathildens Melone« lustig zu machen liebte. Das Ganze ist von der Melancholie eines Grabgangs ziemlich weit entfernt.

Immerhin: Frau Mathilde hat einen Kranz mitgebracht, ihm das Grab zu schmücken, und die feuchte Wehmut in ihren Blicken tut der klischierten Trauer eine weitere Genüge. »Pauvre homme!« seufzt sie. »Ich bin ein deutscher Dichter, bekannt im deutschen Land«, hieß es in jenem Protokoll. Aber wenn an seinem Sterbetag schon etwas gesagt wird, wird es französisch gesagt. Klingt ja auch viel hübscher als »Armer Kerl!« Französisches mitten in einem deutschen Gedicht macht sich immer gut, kommt seiner weltmännischen Grandezza gerade recht. Noch einmal flackert die Koketterie von vorhin auf, noch ein letztesmal.

Jetzt nämlich wird's ernst, viel ernster, als es den ungebrochen lässigen Anschein hat, so ernst wie in seiner zur ungefähr gleichen Zeit entstandenen Beschwörung »An die Engel« mit den erschütternden Zeilen: »Seid Schild und Vögte eurem Ebenbilde, / Beschirmt, beschützt mein armes Kind, Mathilde!« und nochmals nach der Todesahnung zum Schluß »Ihr Engel, schützt Mathilde!« Nur daß in der »Gedächtnisfeier« aus dem armen Kind ein süßes, dickes geworden ist. Nur daß er ihr anstelle des Schutzes der Engel, den er ihr nicht anbieten kann, wenigstens einen Stuhl anbieten möchte – und nicht einmal dazu reicht es. Er muß die Fiaker vom Barrière-Gitter herbeizitieren, damit sie sein süßes, dickes Kind nicht zu Fuß nach Hause gehen lassen.

Es ist ein Kavalier von himmlischen Gnaden, der sich hier verabschiedet und mit wahrhaft überirdischer Eleganz auf Mathilde, auf uns, auf sich selbst herniederlächelt. Es ist der ganze Heine, der uns aus den fünf Strophen dieser Autobiographie entgegenglitzert und entgegenwinkert. Es ist eine Gedächtnisfeier, wie sie ihm keine noch so klangvoll gesungene Messe, kein noch so fromm gesprochenes Kadosch hätten veranstalten können. Schon deshalb nicht, weil er nicht an solche Gedächtnisfeiern glaubt.

Der Kranz jedoch, den Frau Mathilde ihm mitgebracht hat, besteht aus Immortellen, den Blumen der Unsterblichkeit. An die glaubt er.

Enfant Perdu

Verlorner Posten in dem Freiheitskriege,
Hielt ich seit dreißig Jahren treulich aus.
Ich kämpfte ohne Hoffnung, daß ich siege,
Ich wußte, nie komm ich gesund nach Haus.

Ich wachte Tag und Nacht – Ich konnt nicht schlafen,
Wie in dem Lagerzelt der Freunde Schar –
(Auch hielt das laute Schnarchen dieser Braven
Mich wach, wenn ich ein bißchen schlummrig war).

In jenen Nächten hat Langweil ergriffen
Mich oft, auch Furcht – (nur Narren fürchten nichts) –
Sie zu verscheuchen, hab ich dann gepfiffen
Die frechen Reime eines Spottgedichts.

Ja, wachsam stand ich, das Gewehr im Arme,
Und nahte irgend ein verdächtger Gauch,
So schoß ich gut und jagt ihm eine warme,
Brühwarme Kugel in den schnöden Bauch.

Mitunter freilich mocht es sich ereignen,
Daß solch ein schlechter Gauch gleichfalls sehr gut
Zu schießen wußte – ach, ich kanns nicht leugnen –
Die Wunden klaffen – es verströmt mein Blut.

Ein Posten ist vakant! – Die Wunden klaffen –
Der eine fällt, die andern rücken nach –
Doch fall ich unbesiegt, und meine Waffen
sind nicht gebrochen – Nur mein Herze brach.

Manfred Windfuhr

Ein Posten ist vakant

Heine hat in den Leidensjahren auf die Hauptfragen seines Lebens letzte Antworten gegeben, über das Erreichte Bilanzen aufgestellt. »Enfant perdu« ist sein politisches Vermächtnis, erschienen 1851 im »Romanzero« am Ende der ersten »Lazarus«-Serie. Heine resümiert darin seine Rolle im Kampf gegen die Restauration.
Die Jahresangabe ist recht exakt, denn Anfang der zwanziger Jahre begann er mit den ersten kritischen Artikeln und Gedichten. Er unterstütze die beiden Revolutionen seiner Zeit, wenn auch mit abnehmender Intensität, und beförderte in einem nicht nationalistisch zu verstehenden Sinn die ersten Schritte unserer Demokratie. Jetzt nahm ihm die fortschreitende Lateralsklerose die Feder aus der Hand. Das Ergebnis seiner politischen Erfahrungen erschien ihm mit Recht zwiespältig.
Bei dem Wort »Freiheitskrieg« dachten die deutschen Zeitgenossen natürlich nicht an demokratische Emanzipation oder Revolution im Bund mit den forgeschrittensten Franzosen, sondern an ihren Kampf gegen Napoleon I., also an einen eher gegenrevolutionären Vorgang. Wie oft funktioniert Heine zentrale Begriffe seiner Zeit um und gibt ihnen einen gegenteiligen Sinn. Mit diesem Gedicht schließt er offensichtlich an eigene, wiederholt gebrauchte Formulierungen an, die über Jahre hinweg begegnen.
1829 heißt es an der Marengo-Stelle der Italienreise pathetisch: »Aber ein Schwert sollt ihr mir auf den Sarg legen; denn ich war ein braver Soldat im Befreiungskriege

der Menschheit.« Gegenüber seinem Mentor Varnhagen äußert Heine im Juli 1833, anspielend auf aristokratische Überheblichkeit und antijüdischen Druck: »Daß ich aber einst die Waffen ergriff, dazu war ich gezwungen durch frechen Hohn, durch frechen Geburtsdünkel – in meiner Wiege lag schon meine Marschroute für das ganze Leben.« In den synthetischen Helgoländer Briefen aus dem Börnebuch (1840) nimmt er die vorige Bemerkung auf und führt sie bereits nahe an die spätere Gedichtaussage heran:
»Einst, als ich noch jung und unerfahren, glaubte ich, daß wenn auch im Befreiungskampfe der Menschheit der einzelne Kämpfer zugrunde geht, dennoch die große Sache am Ende siege.«
Wie sehr der Anfang von »Enfant perdu« Selbstzitat ist und sein soll, belegt eine bisher unausgewertete Handschrift aus dem Düsseldorfer Heine-Institut. Auf der Grundlage einer Schreibabschrift, die bereits den späteren Wortlaut der ersten beiden Zeilen enthält, erwägt der Autor mit der für die Krankheitszeit typischen zittrigen Bleistiftschrift folgende Version (im Klartext): »Verlor'ner Posten in dem Freiheitskrieg der Menschheit / Treulich hielt ich seit dreißig Jahren aus.« Der Dichter hat seine früheren Formulierungen noch exakt im Kopf und vergißt für einen Augenblick das gewählte fünftaktige Metrum. Auch der Anfang der zweiten Zeile ist metrisch fehlerhaft. Daher kehrte er danach wieder zur früheren Version zurück.
Die Variante bekräftigt, daß wir es nicht mit dem nationalen Kampf von 1813, sondern mit einem emanzipatorischen Weltvorgang zu tun haben. Andererseits enthält die Handschrift bereits die korrekte Version der dritten Zeile:

»Ich kämpfte ohne Hoffnung, daß ich siege.« Obwohl auch der Erstdruck das Präteritum aufweist, verwenden die meisten Heine-Ausgaben bis heute hier irrigerweise die Präsenzform »kämpfe«, auch die unserem Abdruck zugrunde gelegte Ausgabe. Ob sich die Editoren doch nicht mit Heines Selbstpensionierung als Politiker zufrieden geben wollten?
Trotz einiger sarkastischer Züge und Annäherungen an den Prosaduktus ist der anspruchsvoll-bekenntnishafte Ton früherer politischer Aussagen geblieben. Entgegen der heute um sich greifenden Praxis, Heine als reinen Ironiker zu verstehen, zeigen uns die Quellen, daß er immer dann feierlich-pathetisch wird, wenn für ihn zentrale Anliegen zur Rede stehen. Ähnlich ernste Töne begegnen auch in manchen klagenden Liebesgedichten, religiösen Konfessionen und prophetischen Ankündigungen. Vor Unterschiebung von Ironie durch den Interpreten muß an solchen Stellen ausdrücklich gewarnt werden.

Zum Lazarus

Laß die heil'gen Parabolen,
Laß die frommen Hypothesen –
Suche die verdammten Fragen
Ohne Umschweif uns zu lösen.

Warum schleppt sich blutend, elend,
Unter Kreuzlast der Gerechte,
Während glücklich als ein Sieger
Trabt auf hohem Roß der Schlechte?

Woran liegt die Schuld? Ist etwa
Unser Herr nicht ganz allmächtig?
Oder treibt er selbst den Unfug?
Ach, das wäre niederträchtig.

Also fragen wir beständig,
Bis man uns mit einer Handvoll
Erde endlich stopft die Mäuler –
Aber ist das eine Antwort?

Dolf Sternberger

Hoffnungsloser Dialog

Das Gedicht gehört der letzten Sammlung an, die Heine noch selbst veranstaltet hat, es ist als Nachtrag »zum Lazarus« bezeichnet. Es gehört zu den vollkommensten, die er geschrieben hat. Alles ist knapp, derb, einfach ausgesprochen, kein Wort zuviel. Der Vers kommt rasch, doch gewichtig einher. Er ist wie die letzte Phase eines hoffnungslosen Dialogs. Setzt ein mit der lauten und unwirschen Aufforderung, an ungenannte geistliche Adresse gerichtet, einmal endlich ohne Bild und Gleichnis, ohne Mythos und Legende Bescheid zu geben.

Die »verdammten Fragen« folgen sogleich und deutlich genug, in der zweiten Strophe. Eigentlich ist es nur eine einzige Frage. Die Frage des Psalmisten. Keine christliche Frage, trotz der Beschwörung der Szene des Kreuztragens. Das Leiden wird hier keineswegs angenommen, gar verklärt. Nicht ein Dulder redet, sondern ein Aufsässiger. Es ist Hiob. Nicht nach Liebe und nicht nach Gnade wird gefragt, sondern nach Gerechtigkeit.

Kaum ist die Frage gestellt, scheint der Frager und Ankläger von seinem Partner abzulassen und ins eigne Grübeln oder in eine Unterredung mit seinesgleichen zurückzufallen. Der Befragte ist stumm geblieben. Jetzt wird der Verantwortliche genannt, »unser Herr«, wie man von einem Abwesenden redet, in Vermutungen, da nichts Verläßliches von ihm bekannt ist. Die versuchten Erklärungen sind so respektlos wie ernsthaft. Ein spottendes Gezeter des hellsten Verstandes. Auf pfiffige Weise zweifelt er an

Gottes Allmacht, in burschikosem Ton an Gottes Güte. Nicht an Gott.

Mit der vierten Strophe tritt der Sprecher aus Gespräch wie Erwägung hervor, wendet sich gleichsam ans Publikum, trifft nur noch eine Feststellung. »Man« stopft uns die Mäuler: der andere bleibt gegenwärtig, handelt sogar. Ermattet klingt die Empörung in der letzten Zeile nach, eine Art demagogischer Klage.

Der unvollkommene oder verfehlte Reim oder der »kolossale Halbreim« (wie der genaue Leser und Kenner Werner Kraft gesagt hat, und auf »Antwort« sei schlechthin kein natürliches Reimwort zu finden) verschärft den Sinn der Klage, fast unmerklich und doch ungeheuerlich. Wir können uns keinen Reim darauf machen, daß wir ohne Bescheid, womöglich ungehört, sterben sollen.

WIE LANGSAM KRIECHET

Wie langsam kriechet sie dahin,
Die Zeit, die schauderhafte Schnecke!
Ich aber, ganz bewegungslos
Blieb ich hier auf demselben Flecke.

In meine dunkle Zelle dringt
Kein Sonnenstrahl, kein Hoffnungsschimmer,
Ich weiß, nur mit der Kirchhofsgruft
Vertausch ich dies fatale Zimmer.

Vielleicht bin ich gestorben längst;
Es sind vielleicht nur Spukgestalten
Die Phantasien, die des Nachts
Im Hirn den bunten Umzug halten.

Es mögen wohl Gespenster sein,
Altheidnisch göttlichen Gelichters;
Sie wählen gern zum Tummelplatz
Den Schädel eines toten Dichters. –

Die schaurig süßen Orgia,
Das nächtlich tolle Geistertreiben,
Sucht des Poeten Leichenhand
Manchmal am Morgen aufzuschreiben.

Jürgen Jacobs

Spiritualistisches Skelett

Die elf Gedichte des kleinen Zyklus »Lazarus« sind, wie der Titel schon andeutet, in den Tiefen jener »Matratzengruft« entstanden, in der Heine seit 1848 gefangen lag. Während der endlosen Leidensnächte, in denen der Kranke nur mit Hilfe großer Dosen Morphium für wenige Stunden Schlaf fand, war ihm das Dichten das einzige »Linderungsmittel«. Sein zum Innenhof gelegenes Zimmer in der Pariser Rue d'Amsterdam erschien ihm als »dunkle Zelle«, ja als Grab, aber es war für ihn, wie er 1851 im Nachwort zum »Romanzero« schreibt, »ein Grab ohne Ruhe«. Und sein elendes Leben war ihm kein Leben mehr, sondern »der Tod ohne die Privilegien der Verstorbenen, die kein Geld auszugeben und keine Briefe oder gar Bücher zu schreiben brauchen«.

Das »Lazarus«-Gedicht »Wie langsam kriechet« spiegelt die Qualen des hoffnungslos Leidenden, und zwar ohne am Ende mit Heinescher Ironie, mit einer Pointe den melancholischen Ton durchbrechen zu können. Zu bedrückend ist offenbar das Gefühl, gelähmt und hinfällig zu sein, ja schon zu den Abgestorbenen zu gehören. Allerdings flackern dann in den langen Nachtstunden fiebrige Halluzinationen auf: »Altheidnisch göttliches Gelichter« wirbelt durch den Kopf des kranken Dichters – *toute la clique des dieux païens,* wie es etwas salopper in der von Heine autorisierten französischen Prosafassung des Gedichts heißt. Aber die antiken Götter treten hier als Gespenster auf, als entfesselte Dämonen, die eine wilde Orgie feiern. Am Morgen danach findet sich der Leidende auf seine triste Situation zurückgeworfen. Mit seiner »Leichenhand« versucht er, die nächtliche Phantasmagorie festzuhalten – aber auch das nur »manchmal«.

Um die Bitterkeit und die Verzweiflung dieses Gedichts ganz zu verstehen, muß man sich vor Augen führen, daß der frühere, gesunde und lebensbejahende Heine sich immer wieder zu »griechisch-heidnischer Götterlust« bekannt hatte. Er predigte das weltfreudige »Hellenentum« und suchte Distanz zu der leibfeindlichen Askese des »Nazarenertums«, das er in der jüdisch-christlichen Tradition erkannte.

Heine mußte nun erfahren, daß seine Krankheit ihm ein Leben im »hellenischen« Stil unmöglich machte. Er hat einmal diesen Bruch in seiner Existenz selbstironisch so geschildert, daß ihn sein letzter Gang vor dem Versinken in der Matratzengruft in den Louvre zur Venus von Milo geführt habe. Denn besonders diese Göttin gehörte zu den »holden Idolen«, die er in glücklichen Tagen angebetet hatte. Die kleine Geschichte schließt mit den Sätzen: »Zu ihren Füßen lag ich lange und weinte so heftig, daß sich dessen ein Stein erbarmen mußte. Auch schaute die Göttin mitleidig auf mich herab, doch zugleich so trostlos, als wollte sie sagen: siehst du denn nicht, daß ich keine Arme habe und also nicht helfen kann?«

Der beredte Anwalt des sinnenfreudigen Hellenentums fand sich bald als »spiritualistisches Skelett« wieder. Seine alten Götter erscheinen ihm jetzt nur noch als Fieberphantasmen, als nächtliche Spukgestalten, deren tolles Treiben den Schmerzensmann daran erinnert, was ihm nicht mehr möglich ist. Zwar fügen sich ihm die Verse noch zu runden poetischen Gebilden, aber sie nehmen den Ton der verzweifelten Klage an und führen – in einem anderen »Lazarus«-Gedicht – zu der ergreifenden Bitte um Erlösung »von diesem schrecklichen Lebensleide.«

Epilog

Unser Grab erwärmt der Ruhm.
Torenworte! Narrentum!
Eine beßre Wärme gibt
Eine Kuhmagd, die verliebt
Uns mit dicken Lippen küßt
Und beträchtlich riecht nach Mist.
Gleichfalls eine beßre Wärme
Wärmt dem Menschen die Gedärme,
Wenn er Glühwein trinkt und Punsch
Oder Grog nach Herzenswunsch
In den niedrigsten Spelunken,
Unter Dieben und Halunken,
Die dem Galgen sind entlaufen,
Aber leben, atmen, schnaufen,
Und beneidenswerter sind,
Als der Thetis großes Kind –
Der Pelide sprach mit Recht:
Leben wie der ärmste Knecht
In der Oberwelt ist besser,
Als am stygischen Gewässer
Schattenführer sein, ein Heros,
Den besungen selbst Homeros.

Eva Demski

Das Leben muß dicke Lippen haben

Er mußte sein rechtes Augenlid mit der Hand anheben, um sehen zu können. Tageslicht ertrug er kaum, seine Beine waren erst wie Baumwolle, dann versagten sie ganz. Er litt an heftigen Migräneanfällen, Mund und Schlund waren zeitweise gelähmt, so daß er nichts mehr essen konnte. Er magerte schrecklich ab, und wer ihn sah, erschrak: »Wenn ich auch nicht gleich sterbe«, klagte er zwei Jahre vor seinem Tod, »so ist doch das Leben für mich für immer verloren, und ich liebe doch das Leben mit so inbrünstiger Leidenschaft.«

Die Trauer und die Sehnsucht nach dem Leben sprechen aus Heines Epilog, laut und eigentlich kunstlos, in paarigen Reimen, die großartig simpel sind, als sei das ganze artistische Bemühen nichts mehr wert angesichts des Gehenmüssens. In seiner Matratzengruft leidend und dichtend, hat er für sich entschieden: Es ist das Leben, das wirklich wichtig ist, nicht Nachruhm und Ehre, nicht Eleganz und Kultiviertheit. Es darf ruhig stinken, das Leben, es darf dreckig sein und ohne Feinheit, man muß es nur fühlen und halten dürfen. Wenn einer so wie Heine dran ist, beneidet er sogar einen pissenden Hund auf der Straße um sein Wohlbefinden und sein fröhliches und unbewußtes In-der-Welt-Sein.

Das Leben muß dicke Lippen haben, wenn es einen küßt. Und wie Goethe oder nach ihm Joyce vertraute Heine sein Leben einer Frau an, die alles andere war als kongenial, feingeistig oder intellektuell. Christiane, Mathilde,

Nora – sie waren höchst irdisch, mit einem großen Appetit in jeder Beziehung und von nachsichtiger Großzügigkeit in ihrer Liebe. Sie waren das Leben mit den dicken Lippen, mit ihnen konnte man Glühwein und Punsch trinken und den eisigen Schrecken über die Vergänglichkeit vergessen – für eine kurze Weile.

In der Matratzengruft im Exil, auf seinem weichen Schmerzenslager hat Heine eine seiner produktivsten Phasen. Gedicht um Gedicht entsteht, und der Ruhm war ihm keineswegs gleichgültig, genausowenig wie das Geld, eines seiner lebenslangen Verzweiflungsthemen. Nur vordergründig braucht er es für die »Verbrengerin«, wie er seine verschwenderische und verfressene Mathilde zärtlich nennt – es ist nach der demütigenden Erbschaftsgeschichte auch ein Symbol für Anerkennung, für Achtung, Sicherheit und Würde.

Sein Vaterland hat ihn, einen seiner größten Dichter, nicht damit verwöhnt, und doch denkt er aus der Matratzengruft unaufhörlich dorthin. *Ich bin ein deutscher Dichter, / Bekannt im deutschen Land; / Nennt man die besten Namen, / So wird auch der meine genannt.* Gewiß, das war ihm wichtig, und er forderte es ein, mit Stolz und zu Recht.

Und doch: Wenn das Ende und die Dunkelheit näher kommen, wird alles andere blaß und schwächlich neben dem Leben, dieser Kostbarkeit, die auch im Besitz von Gaunern, armen Teufeln und Halunken nichts von ihrem Glanz verliert. Als habe grade ihm, diesem glühenden Verehrer, das Leben selber seine Krallen besonders grausam durchs Gesicht ziehen wollen, begnügt es sich nicht mit den normalen Gemeinheiten, die es unter dem Begriff Alter für jeden bereithält. Ihn quält und foltert es über

Jahre, aber seine gelegentlichen Ausbrüche, daß er nur Mathildes wegen sich nicht selbst töte, sind nur die halbe Wahrheit. Mathilde ist das Symbol des Lebens, nach dem er sich so verzweifelt sehnt.

Man macht es sich mit dem Begriff der »Erlösung« bei den zu Tode Kranken vielleicht ein wenig zu leicht. Heine hat das Ende nach den Jahren des Leids und der herrlichsten Dichtung gespürt. Gott werde ihm verzeihen, soll er zum Schluß gesagt haben. Das sei schließlich sein Metier.

DER SCHEIDENDE

Erstorben ist in meiner Brust
Jedwede weltlich eitle Lust,
Schier ist mir auch erstorben drin
Der Haß des Schlechten, sogar der Sinn
Für eigne und für fremde Not –
und in mir lebt nur noch der Tod!

Der Vorhang fällt, das Stück ist aus,
Und gähnend wandelt jetzt nach Haus
Mein liebes deutsches Publikum,
Die guten Leutchen sind nicht dumm;
Das speist jetzt ganz vergnügt zu Nacht
Und trinkt sein Schöppchen, singt und lacht –
Er hatte recht, der edle Heros,
Der weiland sprach im Buch Homeros':
Der kleinste lebendige Philister
Zu Stukkert am Neckar, viel glücklicher ist er
Als ich, der Pelide, der tote Held,
Der Schattenfürst in der Unterwelt.

Armin Ayren

Triumph des Spießers

Oft und viel hat Heinrich Heine vom Tod gesprochen und vom Jenseits. Für den Himmel der Christen hatte er fast nur Spott übrig: »Lebt wohl! Dort oben, ihr christlichen Brüder, / Ja, das versteht sich, dort sehn wir uns wieder.« So endet das zweite Gedicht im »Romanzero«, und das dritte, »Auferstehung«, zeichnet eine Karikatur des Jüngsten Gerichts.

Kein Weiterleben im Drüben also – aber auch keins im Hüben, durch das geschaffene Werk, das den Dichter überdauert? In Heines letzten Lebensjahren, die er, auf einer »Matratze festgenagelt«, schmerzgepeinigt seinem »Grab entgegen« liegt, stellt er sich diese Frage oft. »Epilog«, ein Pendant zu unserem Gedicht, tut den Ruhm übers Grab hinaus brüsk ab: »Torenworte! Narrentum!« Und es trinken dort nicht nur die guten Leutchen ihr Schöppchen, jene Philister, die sich vom sterbenden Dichter abwenden – nein, auch er selber tränke gern, zöge den Alkohol allem Ruhm vor:

> Gleichfalls eine beßre Wärme
> Wärmt dem Menschen die Gedärme
> Wenn er Glühwein trinkt und Punsch
> Oder Grog nach Herzenswunsch

Der Schluß dieses Gedichts, der Heines Verlangen nach den ihm nicht mehr zu Gebote stehenden irdischen Genüssen so kraß ausspricht, ist mit dem des hier abgedruckten fast identisch:

Der Pelide sprach mit Recht:

> »Leben wie der ärmste Knecht
> In der Oberwelt ist besser,
> Als am stygischen Gewässer
> Schattenführer sein, ein Heros,
> Den besungen selbst Homeros.«

Die beiden Passagen nehmen Bezug auf Odysseus' Besuch in der Unterwelt, den Homer im Elften Gesang der »Odyssee« erzählt. Dort rühmt Odysseus den Achill: »Vormals im Leben ehrten wir dich wie einen der Götter, / Wir Achaier, und nun, da du hier bist, herrschest du mächtig / Unter den Geistern; drum laß dich den Tod nicht reuen, Achilleus!« Dieser jedoch antwortet schroff: »Preise mir jetzt nicht tröstend den Tod, ruhmvoller Odysseus. / Lieber möcht ich fürwahr dem unbegüterten Meier, / Der nur kümmerlich lebt, als Tagelöhner das Feld baun, / Als die ganze Schar vermoderter Toter beherrschen.«

Schattenfürst, Dichterfürst – für Heine fließt das in eins zusammen. Der Sänger macht den Helden nicht wieder lebendig und auch sich selbst nicht durch seinen Gesang.

Man läse das Gedicht wohl falsch, nähme man es vor allem als Klage des rasch Vergessenen, der seine Leser verhöhnt, weil sie sich von ihm abwenden: liebes deutsches Publikum, gute Leutchen, Philister. Zwar schwingt diese Bitterkeit mit. Aber der Philister behält recht, nicht weil er Philister ist, sondern weil er lebt.

»Lieber ein lebendiger Hund sein, als ein toter Löwe!« Leben, Leben – was sonst zählt? Wenn der Spießer triumphiert, nur weil er weiterlebt, muß sich Heines Ironie gegen sich selbst kehren. Nur noch mit Heine kann Heine

jetzt Possen reißen. So läßt er den Tod leben, behauptet, jedwede weltlich eitle Lust sei in ihm erstorben, rettet sich in ein augenzwinkerndes »schier« und in formale Späße: siedelt die Philister in Stuttgart an (nirgends kommt der Name »Meier« häufiger vor) und läßt, nachdem das ganze Gedicht jambisch lief, den Peliden daktylisch flennen.
Heine – das ist immer Ironie und kein Ende. Ist es nicht auch Ironie, daß er mit Versen, die den Nachruhm ironisch abtun, eben diesen Nachruhm so mühelos erringt?

»Nicht gedacht soll seiner werden!«

»Nicht gedacht soll seiner werden!«
Aus dem Mund der armen alten
Esther Wolf hört' ich die Worte,
Die ich treu im Sinn behalten.

Ausgelöscht sein aus der Menschen
Angedenken hier auf Erden,
Ist die Blume der Verwünschung –
Nicht gedacht soll seiner werden!

Herz, mein Herz, ström aus die Fluten
Deiner Klagen und Beschwerden,
Doch von ihm sei nie die Rede –
Nicht gedacht soll seiner werden!

Nicht gedacht soll seiner werden,
Nicht im Liede, nicht im Buche –
Dunkler Hund, im dunkeln Grabe,
Du verfaulst mit meinem Fluche!

Selbst am Auferstehungstage,
Wenn, geweckt von den Fanfaren
Der Posaunen, schlotternd wallen
Zum Gericht die Totenscharen.

Und alldort der Engel abliest
Vor den göttlichen Behörden
Alle Namen der Geladnen –
Nicht gedacht soll seiner werden!

Golo Mann

Niederlage und Triumph

In zwei »Diesseits und jenseits des Rheins« überschriebenen Strophen vergleicht Heine die heitere Kunst der Franzosen, die Liebe, mit der ganz anderen Kunst der Germanen. »Aber wir verstehen uns baß, / Wir Germanen auf den Haß. / Aus Gemütes Tiefen quillt er, / Deutscher Haß! Doch riesig schwillt er / Und mit seinem Gifte füllt er Schier das Heidelberger Faß.« Wenn oder insoweit dieser Vergleich zutrifft, gehörte der Dichter so gut zu den Germanen wie zu den Franzosen. Er konnte grimmig hassen.
Damit ist nicht der Spott gemeint, witzig oder bitter, für den er berühmt wurde und blieb, als ob er nicht auch andere, ernste, schöne, traurige Musik gemacht hätte. Haß ist gemeint. Er richtete sich gegen »Feinde« im allgemeinen; so in dem Gedicht »Vermächtnis«, in dem er sie christlich mit »schönen Gottesgaben« bedenkt, nämlich allen seinen Leiden: »Meine Krämpfe sollt ihr haben, Speichelfluß und Gliederzucken …« Heines Haß richtete sich auch gegen einzelne und da, zu Zeiten, am wütendsten gegen seine Hamburger Verwandten.
Die Sache war, daß sein Oheim, der steinreiche Salomon, ihm die Weiterzahlung einer Pension auch über seinen, Salomons, Tod hinaus versprochen hatte, in seinem Testament dem berühmten Neffen aber ganze 8000 Franken bestimmte, woran der Sohn Karl, nun Besitzer von dreißig Millionen Talern, sich schärfstens hielt. Kein anderes Erlebnis, persönliches oder öffentlich historisches, hat den

Dichter in so wilden Haß und ohnmächtigen Zorn gejagt wie dieses. Unglücklich traf es mit dem Ausbruch seiner Krankheit, der letzten, zwölf Jahre währenden, zusammen; die Botschaft aus Hamburg wirkte auf den Zustand des Körpers, so wie dieser die banalgeizige Haltung des Vetters zum Satanischen verzerrte.

Aus solcher Stimmung entstanden nicht weniger als sechs Gedichte des im Bett sich Wälzenden. Man findet sie eines nach dem anderen, aber nicht in der letzten von Heine selber veranstalteten Sammlung, dem »Romanzero«, sondern in der »Nachlese«; was sich daraus erklärt, daß eine drei Jahre später, 1847, dennoch wieder aufgenommene regelmäßige Pensionszahlung mit der Bedingung verbunden war, Heine dürfe kein Wort über seine Verwandten veröffentlichen, ohne es vorher der Zensur des Vetters unterbreitet zu haben. Nun lassen fünf von den sechs Gedichten an Deutlichkeit nichts zu wünschen übrig. Der Kranke spricht in der ersten Person; Blutsfreunde, »Magen und Sippen« sind es, die ihm den Tod geben, »Affrontenburg« ist Salomons Landhaus bei Hamburg, der Dichter dringt in die Hölle, um den treulosen Oheim zur Rede zu stellen ... Als viertes in der Reihe steht »Nicht gedacht soll seiner werden!«

Das ist ganz anders. Es steht höher. Hier verwandelt Heine den eigenen Haß in Mitleid für die arme alte Jüdin, die er ehedem kannte. Vermutlich war es der eine, einzige Liebhaber, von dem sie ihm sprach – von dem sie *nicht* sprach – der sie betrogen hatte, so daß der lange Rest ihres Lebens gar kümmerlich verlief. Daß sie, indem sie den Schurken ewiger Vergessenheit weiht, dennoch an ihn denken muß, wollen wir übersehen, zumal sie selber den Widerspruch nicht bemerkt. Sie ist schlichten, frommen

Geistes. Sie glaubt an das Antreten zum Jüngsten Gericht, die Posaunen, an den Engel, alle Namen verlesend, die es je auf Erden gab, aber diesen nicht, diesen nicht! Hier wird eine Steigerung erreicht, die nach den ersten vier Strophen kaum noch möglich scheint; sind solche gewaltigen, armen Klänge von Haß und Verwünschung noch zu überbieten? Die fünfte bringt ein Ritardando; es ist die einzige, in der das »Nicht gedacht soll seiner werden« fehlt. Genau damit erhebt sich der Fluch, wo er zum fünften und letzten Mal erklingt, noch über alles Vorhergegangene. Ein zu höchster Kunst sublimierter, durch Mitgefühl veredelter Ausbruch von Düsternis und Verzweiflung, von Lebens-Niederlage und von bitterem Triumph auch. Kaum je hat Heine etwas Stärkeres gemacht.

LOTOSBLUME

Wahrhaftig, wir beide bilden
Ein kurioses Paar,
Die Liebste ist schwach auf den Beinen,
Der Liebhaber lahm sogar.

Sie ist ein leidendes Kätzchen,
Und er ist krank wie ein Hund,
Ich glaube, im Kopfe sind beide
Nicht sonderlich gesund.

Vertraut sind ihre Seelen,
Doch jedem von beiden bleibt fremd
Was bei dem andern befindlich
Wohl zwischen Seel und Hemd.

Sie sei eine Lotosblume,
Bildet die Liebste sich ein;
Doch er, der blasse Geselle,
Vermeint der Mond zu sein.

Die Lotosblume erschließet
Ihr Kelchlein im Mondenlicht,
Doch statt des befruchtenden Lebens
Empfängt sie nur ein Gedicht.

Walter Hinck

Seelenliebe, Magerkost

Mouche (Fliege) nannte Heine die junge deutsche Schriftstellerin Elise Krinitz, die ihm in seinem letzten Lebensjahr (1855/56) durch regelmäßige Besuche die schweren Tage der »Matratzengruft«, des Krankenlagers in seiner Pariser Wohnung, leichter machte; und »Lotosblume« ist das wohl bekannteste seiner Mouche-Gedichte. Ohne Wehleidigkeit belächelt der Autor seine eigene Hilflosigkeit, Entsagung und auch Lächerlichkeit. Die Ironie, bewundert und gefürchtet als geistige Waffe Heines, hier dient sie, als Selbstironie, dem Dichter zu seelischem Selbstschutz.

Das ironische Spielfeld schafft sich Heine durch den Rückbezug auf ein früheres Lotosblumen-Gedicht, auf den zehnten Text im Zyklus »Lyrisches Intermezzo« (1822 bis 1823), mit dem die Lotosblumen-Metapher überhaupt erst in die deutsche Lyrik eingeführt wird. Partner im Liebesgleichnis sind dort die Lotosblume, die sich am Tage gegen die Sonnenstrahlen abschirmt, und der Mond, bei dessen Licht sich die Blüte sehnsuchtsvoll öffnet. Man muß, um das Gleichnis zu verstehen, nicht unbedingt den mythischen Hintergrund des Lotossymbols kennen (nach den Vorstellungen der alten Inder ruhte der Weltenschöpfer auf dem Lotos; bei ihnen war der Lotos Sinnbild der Erde, bei den Ägyptern Sinnbild des Universums). Immerhin geht auch im Gedicht der kosmische Horizont nicht verloren. Doch bleibt der Beziehung von Mond und Blume die Liebeserfüllung versagt.

Das Gedicht an die Mouche wendet das Gleichnis der frühen Verse ins Prosaische, entzaubert die Mondnacht und verzichtet auf den Schmelz der Wehmut. Jämmerlich ist der Zustand des »kuriosen Paars«, das sich in die Rollen von Mond und Lotosblume hineinträumt; für das silbernfahle Licht des Monds bietet der Liebhaber seine Krankenblässe. Als die eigentliche Krankheit aber wird die Körperlosigkeit der Liebe (das Fehlen dessen, was »zwischen Seel und Hemd«) diagnostiziert, also das erzwungenermaßen »Platonische« der Beziehung. Eine wahrhaft tragikomische Situation. Denn es ist Heine gewesen, der nicht aufhörte, gegen die Sinnenfeindlichkeit der jüdischen und christlichen Religion und der puritanischen Republikaner zu protestieren, die Wiederversöhnung von Geist und Leib zu fordern und einen »Sensualismus« zu predigen, als dessen poetisches Muster er Goethes »Westöstlichen Divan« rühmte. Ausgerechnet der Verkünder der Sinnenfreude ist nun auf die Magerkost der Seelenliebe gesetzt.

Heine treibt die ironische Selbstdemontage weiter in der letzten Strophe. Aber gegenüber den Versen aus dem »Lyrischen Intermezzo«, wo die Lotosblume in »Liebesweh« verharrt, hat die körperlose Liebe und damit die Entsagung hier doch auch ihre produktive Seite. Zeugt diese Liebe kein neues Leben, so doch etwas anderes: Dichtung. Das empfangene Gedicht ist, obwohl lächerlich als bloßer Ersatz, doch auch das Tröstliche; der komische Liebhaber ist eben doch mehr als ein Eunuch. Denn die Pointe des Gedichts ließe sich umkehren: wenn auch »nur ein Gedicht«, so doch »immerhin ein Gedicht«. Das ironische Spiel mit der Zeugungs- und Empfängnismetapher tastet die dichterische Schöpfungskraft des »lahmen« Liebhabers nicht an (und in der Tat hat Heine dem Martyrium in der Matratzengruft ja ein erstaunliches dichterisches Werk abgerungen).

In einem weiteren Gedicht preist Heine der Mouche die beiderseitige Enthaltsamkeit, die Liebe ohne »Fleisch« und ohne »Taten«, als eine »Art Gesundheitsliebe« an. Mit gleichem Recht läßt sich von einer »Gesundheitsironie« in den späten Gedichten sprechen. Die Selbstironie setzt sich der Resignation entgegen, stabilisiert die Gemütslage und hilft das geistige Überleben sichern.

WORTE! WORTE! KEINE TATEN!

Worte! Worte! Keine Taten!
Niemals Fleisch, geliebte Puppe,
Immer Geist und keinen Braten,
Keine Knödel in der Suppe!

Doch vielleicht ist dir zuträglich
Nicht die wilde Lendenkraft,
Welche galoppieret täglich
Auf dem Roß der Leidenschaft.

Ja, ich fürchte fast, es riebe,
Zartes Kind, dich endlich auf
Jene wilde Jagd der Liebe,
Amors Steeple-chase-Wettlauf.

Viel gesünder, glaub ich schier,
Ist für dich ein kranker Mann
Als Liebhaber, der gleich mir
Kaum ein Glied bewegen kann.

Deshalb unsrem Herzensbund,
Liebste, widme deine Triebe;
Solches ist dir sehr gesund.
Eine Art Gesundheitsliebe.

Rudolf Walter Leonhardt

Endspiel mit der Wirklichkeit

An Kunst des Reimes und des Rhythmus sind diese Verse, scheint es, kaum zu unterbieten. So machten die Dichter des Volkes gern ihre Lieder, aus denen dann Volkslieder wurden: in ganz regelmäßigen, kurzen Strophen, säuberlich immer abwechselnd gereimt: aten – uppe, aten – uppe. Die einzige Freiheit, die sich der Reimer mit dem Metrum erlaubt, ist die, daß er die vier Versfüße einmal voll ausschwingen, sie ein andermal abrupt mit der betonten Silbe abbrechen läßt.

Sieht man sich diese »einzige Freiheit« etwas näher an, dann merkt man, daß sie raffiniert gehandhabt wird, Monotonie vermeidend, Symmetrie herstellend; dann spürt man die Handschrift eines Meisters oder mindestens eines Routiniers.

Aber ob Meister oder Routinier – wo bleibt »das Kreative«? Kreativität heißt, wenn ich mich auch ungereimt so ausdrücken darf: immer mal wieder was Neues. Neu ist nicht, daß ein Greis sich der in jedem Falle als keusch vorzustellenden Geliebten empfiehlt mit dem Hinweis, physiologisch nicht Vollziehbares hätte doch auch sein Gutes. Die Tonart freilich, in der dies hier geschieht, ist zumindest ungewöhnlich. Schrille Dissonanzen stellen den Volksliedcharakter ironisch in Frage. Die »Triebe«, deren Reimverwandtschaft zur »Liebe« im deutschen Sprachraum schon so viel poetisches Unheil gestiftet hat, werden höchst sonderbaren hygienischen Verordnungen unterworfen.

Und hier wie allenthalben bei Heine kommt Biographie ins Spiel. Der Herzensbündler glaubte ja an den eigenen Gliedern erfahren zu haben, daß physische Kontakte zur Frau Venus krank machen – eben venerisch. Halb war ihm das eingeredet worden, halb hielt er es für wahr, halb will er es anderen einreden. Dreimal halb? Heine überzog gern.

Das Originelle, das eigentlich »Kreative« an diesem Gedicht liegt in dem Spiel, das da mit der Wirklichkeit getrieben wird.

Um dieses Spiel voll würdigen zu können, muß man freilich auch die Wirklichkeit kennen. Herausgerissen aus der Situation des völlig Gelähmten, der eben in der Tat »kaum ein Glied bewegen kann«, des Schmerzensmannes, dem nur noch Opium hilft, des Todkranken, der wenige Monate später dann auch stirbt, herausgerissen aus dieser Endspiel-Situation wäre dies kein besonders bemerkenswertes Gedicht.

Aber wenn man es in die Zusammenhänge stellt, in die es hineingehört, dann empfinde ich es als ungeheuerlich, als überwältigend, wie da der Kunstwille sich aufbäumt gegen die von allen Seiten auf ihn eindringende Vergeblichkeit.

Zum richtigen Verständnis des Gedichtes gehört auch noch die Mitempfindung der makabren Ironie. Wie den »kranken Mann«, der da spricht, so gab es ja auch die »geliebte Puppe« wirklich. Das Gedicht hat der sterbende Heine geschrieben für jene späte Besucherin an seinem Krankenbett, die sich mal Fräulein van Belgern nannte, mal Margot, mal Sarah Dennigson, mal Camilla Selden und die eigentlich Elise Krinitz hieß; der von so viel Namen verwirrte Heine nannte sie (nach dem Siegel ihres

Ringes) »meine allersüßeste fine mouche« – und so nennen sie seitdem auch die Literaturhistoriker: die Mouche.

Die meisten von ihnen rekonstruieren sich diese Gestalt aus Heines Gedichten, und sie gewinnt dadurch die Züge eines barmherzig-erotischen Engels der letzten Stunde. Meiner Ansicht nach gehört es zur ätzenden Essenz dieses Gedichtes, daß die »Mouche« keineswegs ein Engel war, sondern ein ziemlich ordinäres und überspanntes Frauenzimmer. Sie hatte Heine wohl aufgesucht, um den Kontakt zu ihrem alten Verehrer, einem Alfred Meißner, wiederherzustellen. Ganz anders, als sie sich das vorgestellt hatte, fand sie auf einmal sich geworfen in die Rolle der letzten Verehrerin des sterbenden Dichters. Es schmeichelte ihr, diese Rolle anzunehmen. Seinen Tod verschlief sie.

Heines Mouche-Gedichte haben sie unsterblich gemacht. Es gibt keine Gerechtigkeit in der Lyrik.

Bibliographische Notiz

Die Gedichte dieses Bandes wurden zitiert nach: Heinrich Heine, *Sämtliche Gedichte in zeitlicher Folge*. Herausgegeben von Klaus Briegleb. Insel Verlag Frankfurt am Main und Leipzig 1995.

Alphabetisches Verzeichnis der Überschriften und Gedichtanfänge

An die Jungen	142
An einen ehemaligen Goetheaner	92
An einen politischen Dichter	121
An meine Mutter B. Heine	27
Anno 1839	111
Autodafé	158
Begegnung	116
Belsatzar	22
Das Fräulein stand am Meere	96
Das Meer erglänzte weit hinaus	67
Das neue Israelitische Hospital zu Hamburg	130
Denk ich an Deutschland	125
Der Asra	150
Der Scheidende	181
Die alten, bösen Lieder	40
Die Grenadiere	17
Die Jahre kommen und gehen	71
Die Loreley	56
Die Mitternacht zog näher	22
Die schlesischen Weber	146
Doktrin	135
Du hast mich	154
Du singst wie einst	121
Ein Fichtenbaum	48
Ein Hospital für	130
Ein Jüngling liebt ein Mädchen	36
Enfant perdu	166
Epilog	177

Erstorben ist	181
Gedächtnisfeier	162
Hast du wirklich	92
Helena	154
Ich bins gewohnt	27
Ich hab im Traum geweinet	52
Ich hatte einst ein schönes Vaterland	100
Ich rief den Teufel	75
Ich weiß nicht	56
Im düstern Auge	146
Im Rhein, im schönen Strome	44
In den Küssen	84
In Gemäldegalerien	88
Keine Messe	162
Laß dich nicht kirren	142
Laß die heil'gen	170
Lotosblume	189
Mein Herz, mein Herz ist traurig	63
Mein Kind, wir waren Kinder	79
Nach Frankreich zogen	17
Nachtgedanken	125
»Nicht gedacht soll seiner werden!«	185
O, Deutschland	111
Pomare	138
Prolog	88
Schlage die Trommel	135
Sei mir gegrüßt	59
Sie haben dir viel erzählet	32
Sie tanzt	138
Täglich ging	150
Unser Grab	177
Verlorner Posten	166

Wahrhaftig, wir beide	189
Welke Veilchen	158
Wenn ich, beseligt von schönen Küssen	103
Wie langsam kriechet	173
Wo wird einst	107
Wo?	107
Wohl unter der Linde	116
Worte! Worte! Keine Taten!	193
Zum Lazarus	170

Verzeichnis der Interpreten

ARMIN AYREN, geboren 1934 in Friedrichshafen, lebt in Höchenschwand. Er veröffentlichte unter anderem: »Der Mann im Kamin« (1980), »Buhl oder Der Konjunktiv« (1982), »Der flambierte Säugling« (1985), »Das Blaue vom Ei« (1985), »Der Baden-Badener Fenstersturz« (1989) und »Die Trommeln von Mekka« (1990).

DIETER BORCHMEYER, geboren 1941 in Essen, ist Professor für neuere deutsche Literatur- und Theaterwissenschaft an der Universität Heidelberg. Er veröffentlichte unter anderem: »Höfische Gesellschaft und französische Revolution bei Goethe« (1977), »Das Theater Richard Wagners« (1982), »Macht und Melancholie. Schillers Wallenstein« (1988), »Die Götter tanzen Cancan. Richard Wagners Liebesrevolten« (1992), »Weimarer Klassik. Portrait einer Epoche« (1994) und »Des Grauens Süße. Annette von Droste-Hülshoff« (1997).

HANSPETER BRODE, geboren 1940 in Ludwigshafen, lebt als Gymnasiallehrer an einer deutschen Auslandsschule in Brasilien. Er veröffentlichte unter anderem: »Benn-Chronik« (1978), »Günter Grass. Autorenbuch« (1979) und »Deutsche Lyrik – eine Anthologie« (1990).

HANS CHRISTOPH BUCH, geboren 1944 in Wetzlar, lebt in Berlin. Er veröffentlichte Romane, Erzählungen und Essays, unter anderem: »Aus der Neuen Welt« (1975), »Die Hochzeit von Port-au-Prince« (1984), »Haiti Chérie« (1990), »Rede des toten Kolumbus am Tag des Jüngsten

Gerichts« (1992), »Tropische Früchte, Afro-Amerikanische Impressionen« (1993) sowie »Der Burgwart der Wartburg – Eine deutsche Geschichte« (1994).

HANS DAIBER, geboren 1927 in Breslau, lebt in Rösrath. Er veröffentlichte unter anderem: »Argumente für Lazarus« (1966), »Vor Deutschland wird gewarnt« (1967), »Doppelspiel« (1969), »Gerhart Hauptmann« (1971), »Deutsches Theater seit 1945« (1976) und »Schaufenster der Diktatur« (1995).

EVA DEMSKI, geboren 1944 in Regensburg, lebt in Frankfurt am Main. Sie veröffentlichte die Romane »Goldkind« (1979), »Karneval« (1981), »Scheintod« (1984), »Hotel Hölle, guten Tag ...« (1987), »Afra« (1992) und »Scheintod« (2000), die Essaybände »Unterwegs« (1988), »Käferchen und Apfel« (1989), »Land und Leute« (1994) und Reisebücher.

JOACHIM C. FEST, geboren 1926 in Berlin, lebt in Kronberg bei Frankfurt am Main. Er war von 1973 bis 1994 Mitherausgeber der »Frankfurter Allgemeinen Zeitung«. Zu seinen Veröffentlichungen gehören die Bücher »Das Gesicht des Dritten Reiches« (1963), »Hitler« (1973), »Im Gegenlicht. Eine italienische Reise« (1988), »Der zerstörte Traum. Über das Ende des utopischen Zeitalters« (1991), »Staatsstreich« (1994), »Fremdheit und Nähe« (1996) und »Albert Speer« (1999).

HANS J. FRÖHLICH, geboren 1932 in Hannover, starb 1986 in München. Er schrieb die Romane »Tandelkeller« (1967), »Engels Kopf« (1971), »Anhand meines Bruders« (1974),

»Im Garten der Gefühle« (1975) und »Mit Feuer und Flamme« (1982), die Erzählungen »Einschüchterungsversuche« (1979) und die Biographie »Schubert« (1978).

LUDWIG HARIG, geboren 1927 in Sulzbach/Saarland, lebt dort. Er veröffentlichte unter anderem: »Sprechstunden« (1971), »Die saarländische Freude« (1977), »Rousseau« (1978), »Der kleine Brixius« (1980), »Trierer Spaziergänge» (1983), »Ordnung ist das ganze Leben« (1986), »Weh dem, der aus der Reihe tanzt« (1990), »Die Hortensien der Frau von Roselius« (1992), »Der Uhrwerker von Glarus« (1993), »Wer mit den Wölfen heult, wird Wolf« (1996), »Spaziergänge mit Flaubert« (1997), »Pelés Knie« (1999) und »Reise mit Yoshimi« (2000).

PETER HÄRTLING, geboren 1933 in Chemnitz, lebt in Walldorf bei Frankfurt am Main. Er veröffentlichte Romane, Gedichte und Kinderbücher, unter anderem: »Hölderlin« (1976), »Die dreifache Maria« (1982), »Das Windrad« (1983), »Waiblingers Augen« (1987), »Der Wanderer« (1988), »Die Gedichte 1953-1987« (1989), »Herzwand« (1990), »Schubert« (1992) sowie die Novelle »Bozena« (1994).

ECKHARD HEFTRICH, geboren 1928 in Stockach/Bodensee, ist Professor emeritus für neuere Deutsche Literatur und Vergleichende Literaturwissenschaft an der Universität Münster. Er veröffentlichte unter anderem: »Nietzsches Philosophie« (1962), »Stefan George« (1968), »Novalis« (1969), »Lessings Aufklärung« (1977), »Musil« (1986) sowie »Geträumte Taten« (1993).

JOST HERMAND, geboren 1930 in Kassel, ist seit 1958 Professor für Deutsche Literatur an der Universität Wisconsin (USA). Er publizierte unter anderem: »Synthetisches Interpretieren« (1968), »Von Mainz nach Weimar« (1969), »Unbequeme Literatur« (1971), »Streitobjekt Heine« (1975), »Sieben Arten an Deutschland zu leiden« (1979), »Orte. Irgendwo. Formen utopischen Denkens« (1981) und »Judentum und deutsche Kultur« (1996).

WALTER HINCK, geboren 1922 in Selsingen/Niedersachsen, ist Professor für Deutsche Literatur an der Universität Köln. Er veröffentlichte unter anderem: »Die Dramaturgie des späten Brecht« (1959), »Das moderne Drama in Deutschland« (1973), »Goethe – Mann des Theaters« (1982), »Theater der Hoffnung« (1988), »Die Wunde Deutschland. Heinrich Heines Dichtung« (1990), »Magie und Tagtraum. Das Selbstbild des Dichters in der deutschen Lyrik« (1994), »Im Wechsel der Zeiten. Leben und Literatur« (Autobiographie, 1998) und »Jahrhundertchronik. Deutsche Erzählungen des 20. Jahrhunderts« (2000).

WALTER HINDERER, geboren 1934 in Ulm, ist Professor für Neuere Deutsche Literatur an der Princeton-University/USA. Er veröffentlichte unter anderem: »Elemente der Literaturkritik« (1976), »Büchner-Kommentar zum dichterischen Werk« (1977), »Der Mensch in der Geschichte. Ein Versuch über Schillers ›Wallenstein‹« (1980), »Über deutsche Literatur und Rede« (1981) sowie »Arbeit an der Gegenwart« (1994).

HANS OTTO HORCH, geboren 1944 in Lörrach, Habilitation 1984 mit einer Arbeit über die Literaturkritik der »Allgemeinen Zeitung des Judentums« (1837-1922); seit 1992 Inhaber der »Ludwig-Strauß-Professur« für deutsch-jüdische Literaturgeschichte an der RWTH Aachen. Zahlreiche Aufsätze, insbesondere über die Literatur deutsch-jüdischer Autoren, aber auch zu Fontane, Raabe und Benn.

JÜRGEN JACOBS, geboren 1936 in Aachen, ist Professor für Neuere deutsche Literatur an der Bergischen Universität in Wuppertal. Er veröffentlichte unter anderem Bücher zu Wieland (1969) und zum Bildungsroman (1972), ferner »Prosa der Aufklärung« (1976), »Der deutsche Schelmenroman« (1983), »Lessing« (1986) und »Don Quijote in der Aufklärung« (1992).

ECKART KLESSMANN, geboren 1933 in Lemgo/Lippe, lebt in Mecklenburg. Er veröffentlichte Bücher über den Prinzen Louis Ferdinand von Preußen (1972), Caroline Schlegel-Schelling (1975) und E. T. A. Hoffmann (1988) sowie »Die Mendelssohns. Bilder aus einer deutschen Familie« (1990), »Christiane – Goethes Geliebte und Gefährtin« (1992) und »Ein Fest der Sinne. Casanova und sein Zeitalter« (1998).

HELMUT KOOPMANN, geboren 1933 in Bochum, ist seit 1974 Professor für Neuere Deutsche Literaturwissenschaft an der Universität Augsburg. Er veröffentlichte unter anderem: »Das junge Deutschland« (1970), »Das Drama der Aufklärung« (1978), »Der klassisch-moderne Roman in Deutschland. Thomas Mann – Döblin – Broch«

(1983), »Schiller« (1988), das »Thomas-Mann-Handbuch« (1990) und »Thomas Mann: Buddenbrooks« (1995).

JOSEPH ANTON KRUSE, geboren 1944 in Dingden bei Bocholt, ist seit 1975 Direktor des Heinrich-Heine-Instituts in Düsseldorf und Honorarprofessor an der dortigen Universität. Er veröffentlichte unter anderem: »Heines Hamburger Zeit« (1972), »Heinrich Heine. Leben und Werk in Daten und Bildern« (1983) sowie »Denk ich an Heine« (1986).

GÜNTER KUNERT, geboren 1929 in Berlin, lebt in Kaisborstel/Schleswig-Holstein. Hauptwerke: Die Gedichtsammlungen »Erinnerungen an einen Planeten« (1963), »Unterwegs nach Utopia« (1977), »Abtötungsverfahren« (1980), »Berlin bei Zeiten« (1987) und »Mein Golem« (1996) sowie die Prosabände »Die Beerdigung findet in aller Stille statt« (1968), »Verspätete Monologe« (1981), »Im toten Winkel« (1992), »Baum Stein Beton« (1995) und »Erwachsenenspiele« (1997).

RUDOLF WALTER LEONHARDT, geboren 1921 in Altenburg, starb 2003. Er gehörte seit 1957 der Redaktion der Wochenzeitung »Die Zeit« an, deren stellvertretender Chefredakteur er von 1973 bis 1985 war. Er veröffentlichte unter anderem: »Xmal Deutschland« (1961), »Wer wirft den ersten Stein« (1969) und »Das Weib, das ich geliebet hab'. Heines Mädchen und Frauen« (1975).

PAUL MICHAEL LÜTZELER, geboren 1943 in Doveren/Rheinland, ist Professor für Neuere Deutsche Literatur an der Washington University in St. Louis/USA. Er veröffentlichte unter anderem: »Hermann Broch. Eine Biographie« (1985), »Zeitgeschichte in Geschichten der Zeit« (1986), »Geschichte in der Literatur« (1987).

GOLO MANN, geboren 1909 in München, starb 1994 in Kilchberg bei Zürich. Er schrieb unter anderem: »Friedrich von Gentz – Geschichte eines europäischen Staatsmannes« (1946), »Deutsche Geschichte des 19. und 20. Jahrhunderts« (1958), »Geschichte und Geschichten« (1962), »Wallenstein« (1971), »Erinnerungen und Gedanken. Eine Jugend in Deutschland« (1986) und »Wir alle sind, was wir gelesen« (1989).

PETER VON MATT, geboren 1937 in Luzern, ist Professor für Neuere Deutsche Literatur an der Universität Zürich. Er veröffentlichte Bücher über Grillparzer (1965) und E. T. A. Hoffman (1971) sowie die Untersuchungen »Literaturwissenschaft und Psychoanalyse« (1972), »... fertig ist das Angesicht« (1984), »Liebesverrat« (1989), »Das Schicksal der Phantasie« (1994), »Verkommene Söhne, mißratene Töchter« (1995) und »Die verdächtige Pracht« (1998).

KLARA OBERMÜLLER, geboren 1940, lebt in Zürich. Sie war Redakteurin der »Neuen Zürcher Zeitung« und der »Weltwoche«. Heute ist sie Redakteurin und Moderatorin im Schweizer Fernsehen. Sie hat neben Hörspielen und Jugendbüchern die Bücher »Dem Leben recht geben. Gespräche mit Jean Rudolf von Salis« (1994) und »Schweizer auf Bewährung. Klara Obermüller im Gespräch mit Sigi Feigel« (1998).

Wolfgang Preisendanz, geboren 1920 in Pforzheim, ist emeritierter Professor der Literaturwissenschaft an der Universität Konstanz. Er veröffentlichte unter anderem: »Die Spruchform in der Lyrik des alten Goethe und ihre Vorgeschichte seit Opitz« (1952), »Humor als dichterische Einbildungskraft« (1963/1985), »Über den Witz« (1970), »Heinrich Heine« (1973/1983) und »Wege des Realismus« (1977).

Werner Ross, geboren 1912 in Uerdingen am Niederrhein, starb 2002 in München. Er veröffentlichte unter anderem: »Der ängstliche Adler. Friedrich Nietzsches Lebensroman« (1980), »Die Feder führend« (1987), »Lou Andreas-Salomé« (1992), »Baudelaire und die Moderne« (1993), »Der wilde Nietzsche« (1994), »Venezianische Promenade« (1996) und »Bohemiens und Belle Epoque« (1997).

Wulf Segebrecht, geboren 1935 in Neuruppin, ist Professor für Neue deutsche Literaturwissenschaft an der Universität Bamberg. Er veröffentlichte zuletzt: »Was sollen Germanisten lesen? Ein Vorschlag« (1994), »Heterogenität und Integration. Studien zu Leben, Werk und Wirkung E. T. A. Hoffmanns« (1996) sowie das »Fundbuch der Gedichtinterpretationen« (1997).

Dolf Sternberger, geboren 1907 in Wiesbaden, starb 1989. Er war bis 1972 Professor der Politischen Wissenschaften an der Universität Heidelberg. Zu seinen Hauptwerken gehören die Bücher: »Panorama oder Ansichten vom 19. Jahrhundert« (1938), »Kriterien« (1965), »Heinrich Heine und die Abschaffung der Sünde« (1972), »Drei Wurzeln der Politik« (1978) und »Schriften« (1977-1982).

FRIEDRICH TORBERG, geboren 1908 in Wien, starb dort 1979. Hauptwerke: die Romane »Der Schüler Gerber« (1930), »Hier bin ich, mein Vater« (1948), »Die zweite Begegnung« (1950) und »Süßkind von Trimberg» (1972) sowie der Erzählungsband »Golems Wiederkehr« (1968).

HANS-ULRICH TREICHEL, geboren 1952 in Versmold/Westf., ist Professor für Deutsche Literatur an der Universität Leipzig. Er veröffentlichte unter anderem die Monographien »Fragment ohne Ende. Eine Studie über Wolfgang Koeppen« (1984) sowie mehrere Gedichtbände, Opernlibretti und die Prosabände »Von Leib und Seele. Berichte« (1992), »Heimatkunde oder Alles ist heiter und edel. Besichtigungen« (1996) und die Romane »Der Verlorene« (1988), »Tristanakkord« (2000) und »Über die Schrift hinaus. Essays zur Literatur« (2000).

GERT UEDING, geboren 1942 in Bunzlau, ist Professor für Allgemeine Rhetorik an der Universität Tübingen. Er veröffentlichte unter anderem: »Schillers Rhetorik« (1971), »Glanzvolles Elend. Versuch über Kitsch und Kolportage« (1973), »Wilhelm Busch« (1977), »Klassik und Romantik« (1987), »Friedrich Schiller« (1990), »Jean Paul« (1993) und »Klassische Rhetorik« (1995).

GUNTRAM VESPER, geboren 1941 in Frohburg, lebt in Göttingen. Er veröffentlichte unter anderem: »Fahrplan« (1964), »Kriegerdenkmal ganz hinten« (1970), »Nördlich der Liebe und südlich des Hasses« (1979) und »Die Illusion des Unglücks« (1980).

Werner Weber, geboren 1919 in Huttwil (Emmental), war von 1951-1973 Feuilletonchef der »Neuen Zürcher Zeitung« und bis 1987 Professor für Literaturkritik an der Universität Zürich. Er veröffentlichte die Essaybände »Figuren und Fahrten« (1956), »Zeit ohne Zeit« (1959), »Tagebuch eines Lesers« (1965) und »Forderungen« (1970).

Manfred Windfuhr, geboren 1930 in Remscheid/Lippe, ist Professor für Deutsche Literatur an der Universität Düsseldorf. Er veröffentlichte unter anderem: »Immermanns erzählerisches Werk« (1957), »Die barocke Bildlichkeit und ihre Kritiker« (1966) und »Heinrich Heine« (1968).

Wolf Wondratschek, geboren 1943 in Rudolstadt, lebt in München. Er veröffentlichte unter anderem den Prosaband »Früher begann der Tag mit einer Schußwunde« (1969) sowie die Lyrikbände »Chucks Zimmer« (1974), »Das leise Lachen am Ohr eines anderen« (1976), »Männer und Frauen« (1978), »Letzte Gedichte« (1980), »Die Einsamkeit der Männer« (1983) und »Liebesgedichte« (1997) sowie »Das Mädchen und der Messerwerfer« (1997).

Der Herausgeber:

Marcel Reich-Ranicki, geboren 1920 in Włocławek an der Weichsel, leitete von 1973 bis 1988 die Literatur-Redaktion der »Frankfurter Allgemeinen Zeitung«. Er veröffentlichte unter anderem: »Über Ruhestörer« (1973),

»Nachprüfung« (1977), »Thomas Mann und die Seinen« (1987), »Ohne Rabatt. Über Literatur aus der DDR« (1991), »Der doppelte Boden« (1992), »Die Anwälte der Literatur« (1994), »Martin Walser« (1994), »Vladimir Nabokov« (1995), »Ungeheuer oben. Über Bertolt Brecht« (1996), »Wolfgang Koeppen« (1996), »Der Fall Heine« (1997), »Mein Leben« (1999), »Vom Tag gefordert« (2001), »Erst leben, dann spielen. Über polnische Literatur« (2002), »Sieben Wegbereiter. Schriftsteller des 20. Jahrhunderts (2002) und »Goethe noch einmal« (2002).

Zu dieser Ausgabe

insel taschenbuch 2740: Der Text folgt der 2. Auflage der gebundenen Ausgabe: Heinrich Heine, Ich hab im Traum geweinet. 44 Gedichte mit Interpretationen. Herausgegeben von Marcel Reich-Ranicki. © Insel Verlag Frankfurt am Main und Leipzig 1997. Umschlagfoto: © Mimmo Jodice, Courtesy of siebenhaar arts projects, Königstein/Ts., Germany

Klassische deutsche Literatur
im insel taschenbuch
Eine Auswahl

Wilhelm Busch. Gedichte. Ausgewählt von Theo Schlee. Mit Illustrationen von Wilhelm Busch. it 2531. 195 Seiten

Annette von Droste-Hülshoff
- Der Distel mystische Rose. Gedichte und Prosa. Ausgewählt von Werner Fritsch. it 2193. 170 Seiten
- Die Judenbuche. Ein Sittengemälde aus dem gebirgichten Westfalen. Mit einem Nachwort von Christian Begemann. it 2405. 128 Seiten
- Sämtliche Erzählungen. Herausgegeben von Manfred Häckel. it 1521. 234 Seiten
- Sämtliche Gedichte. Nachwort von Ricarda Huch. it 1092. 750 Seiten

Marie von Ebner-Eschenbach. Dorf- und Schloßgeschichten. Ausgewählt und mit einem Nachwort versehen von Joseph Peter Strelka. it 1272. 390 Seiten

Joseph Freiherr von Eichendorff
- Aus dem Leben eines Taugenichts. Mit Illustrationen von Adolf Schrödter und einem Nachwort von Ansgar Hillach. it 202. 154 Seiten
- Gedichte. Mit Zeichnungen von Otto Ubbelohde. Herausgegeben von Traude Dienel. it 255. 163 Seiten
- Gedichte. In chronologischer Folge herausgegeben von Hartwig Schultz. it 1060. 268 Seiten
- Liebesgedichte. Herausgegeben von Wilfried Lutz. it 2591. 280 Seiten
- Novellen und Gedichte. Ausgewählt und eingeleitet von Hermann Hesse. it 360. 325 Seiten

Theodor Fontane
- Briefe an Georg Friedlaender. Herausgegeben und mit einem Nachwort von Walter Hettche. Mit einem Essay von Thomas Mann. it 1565. 486 Seiten
- Effi Briest. Mit 21 Lithographien von Max Liebermann. it 138. 354 Seiten
- Ein Leben in Briefen. Ausgewählt und herausgegeben von Otto Drude. it 540. 518 Seiten
- Ein Sommer in London. Mit einem Nachwort von Harald Raykowski. it 1723. 252 Seiten
- Frau Jenny Treibel oder »Wo sich Herz zum Herzen findt«. Roman. Mit einem Nachwort von Richard Brinkmann. it 746. 269 Seiten
- Gedichte. Ausgewählt und mit einem Nachwort von Rüdiger Görner. it 2221. 200 Seiten
- Grete Minde. Nach einer altmärkischen Chronik. Mit einem Nachwort von Peter Demetz. it 1157. 154 Seiten
- Meine Kinderjahre. Autobiographischer Roman. Mit einem Nachwort von Otto Drude. Mit Illustrationen und Abbildungen. it 705. 276 Seiten
- Der Stechlin. Mit einem Nachwort von Walter Müller-Seidel. it 152. 504 Seiten

Georg Forster. Reise um die Welt. Herausgegeben und mit einem Nachwort von Gerhard Steiner. it 757. 1039 Seiten

Johann Wolfgang Goethe
- Elegie von Marienbad. it 1250. 128 Seiten
- Erotische Gedichte. Gedichte, Skizzen und Fragmente. Herausgegeben von Andreas Ammer. it 1225. 246 Seiten
- Faust. Urfaust. Faust. Ein Fragment. Faust. Eine Tragödie. Paralleldruck der drei Fassungen. Zwei Bände. Herausgegeben von Werner Keller. it 625. 690 Seiten
- Gedichte. Sämtliche Gedichte in zeitlicher Folge. Herausgegeben von Heinz Nicolai. it 2281. 1264 Seiten

- Gedichte in Handschriften. Fünfzig Gedichte Goethes. Ausgewählt und erläutert von Karl Eibl. it 2175. 288 Seiten
- Goethe, unser Zeitgenosse. Über Fremdes und Eigenes. Herausgegeben von Siegfried Unseld. it 1425. 154 Seiten
- Goethe-Lesebuch. Eine repräsentative Auslese aus Werken, Briefen und Dokumenten. Herausgegeben und mit einem Nachwort von Katharina Mommsen. it 1375. 384 Seiten
- Goethe und die Religion. Aus seinen Werken, Briefen, Tagebüchern und Gesprächen. Ausgewählt und herausgegeben von Hans-Joachim Simm. it 2200. 450 Seiten
- Goethe für Gestreßte. Ausgewählt von Walter Hinck. it 2675. 144 Seiten
- Italienische Reise. Mit Zeichnungen des Autors. Herausgegeben und mit einem Nachwort von Christoph Michel. it 2289. 810 Seiten
- Die Kunst des Lebens. Aus seinen Werken, Briefen und Gesprächen zusammengestellt von Katharina Mommsen und Elke Richter. it 2300. 180 Seiten
- Das Leben, es ist gut. Hundert Gedichte. Ausgewählt von Siegfried Unseld. it 2000. 204 Seiten
- Lektüre für Augenblicke. Gedanken aus seinen Büchern, Briefen und Gesprächen. Auswahl und Nachwort von Gerhart Baumann. it 1750. 177 Seiten
- Märchen. Der neue Paris. Die neue Melusine. Das Märchen. Herausgegeben von Katharina Mommsen. it 2287. 232 Seiten
- Maximen und Reflexionen. Text der Ausgabe von 1907 mit der Einleitung Max Heckers, Nachwort Isabella Kuhn. it 200. 370 Seiten
- Novellen. Herausgegeben und mit einem Nachwort von Katharina Mommsen. Mit Zeichnungen von Max Liebermann. it 425. 293 Seiten
- Novelle. Herausgegeben von Peter Höfle. it 2625. 80 Seiten
- Ob ich dich liebe weiß ich nicht. Liebesgedichte. Herausgegeben von Karl Eibl. Großdruck. it 2396. 175 Seiten

- Sollst mir ewig Suleika heißen. Briefwechsel mit Marianne und Johann Jakob Willemer. Mit Abbildungen. Herausgegeben von Hans-J. Weitz. it 1475. 568 Seiten
- Verweile doch. 111 Gedichte. Herausgegeben von Marcel Reich-Ranicki. it 1775. 512 Seiten
- West-östlicher Divan. Mit Essays zum »Divan« von Hugo von Hofmannsthal, Oskar Loerke und Karl Krolow. Herausgegeben von Hans-J. Weitz. it 75. 400 Seiten

Der junge Goethe in seiner Zeit. In zwei Bänden und einer CD-ROM. Herausgegeben von Karl Eibl, Fotis Jannidis und Marianne Willems. it 2100. 1479 Seiten

Goethe und die Naturwissenschaften. Bis an die Sterne weit. Bearbeitet von Margit Wyder. Mit einem Essay von Adolf Muschg und Abbildungen. it 2575. 216 Seiten

Goethes Morgenlandfahrten. West-östliche Begegnungen. Herausgegeben von Jochen Golz. it 2600. 320 Seiten

Wilhelm Hauff
- Märchen. Herausgegeben von Bernhard Zeller. Mit Illustrationen von Theodor Weber, Theodor Hosemann und Ludwig Burger. it 216. 325 Seiten
- Das Wirtshaus im Spessart. Eine Erzählung. it 2584. 202 Seiten

Heinrich Heine
- Buch der Lieder. Mit zeitgenössischen Illustrationen und einem Nachwort von E. Galley. it 1957. 322 Seiten
- Sämtliche Gedichte in zeitlicher Folge. Herausgegeben von Klaus Briegleb. it 1963. 917 Seiten

Heinrich Heine. Leben und Werk in Daten und Bildern.
Herausgegeben von Joseph A. Kruse. it 615. 352 Seiten

Johann Gottfried Herder. Lieder der Liebe. it 2643. 120 Seiten

E. T. A. Hoffmann
- Die Abenteuer der Silvester-Nacht. Mit farbigen Illustrationen von Monika Wurmdobler. it 798. 81 Seiten
- Die Elixiere des Teufels. Mit Illustrationen von Hugo Steiner-Prag. it 304. 349 Seiten
- Der Sandmann. Mit Illustrationen von Hugo Steiner-Prag und einem Nachwort von Jochen Schmidt. it 934. 84 Seiten

Alexander von Humboldt
- Über das Universum. Die Kosmos-Vorträge 1827/28 in der Berliner Singakademie. Herausgegeben von Jürgen Hamel und Klaus-Harro Tiemann. it 1540. 235 Seiten
- Über die Freiheit des Menschen. Auf der Suche nach der Wahrheit. Herausgegeben von Manfred Osten. it 2521. 208 Seiten

Gottfried Keller
- Der grüne Heinrich. Erste Fassung. Mit Zeichnungen Gottfried Kellers. Zwei Bände. it 335. 874 Seiten
- Romeo und Julia auf dem Dorfe. Mit einem Nachwort von Klaus Jeziorkowski. it 756. 139 Seiten

Heinrich von Kleist
- Geschichte meiner Seele. Das Lebenszeugnis der Briefe. Herausgegeben von Helmut Sembdner. it 281. 449 Seiten
- Michael Kohlhaas. Aus einer alten Chronik. Nachwort von Jochen Schmidt. it 1352. 172 Seiten

Eduard Mörike. Die schönsten Gedichte. Herausgegeben von Hermann Hesse. Mit Zeichnungen des Autors. it 2540. 220 Seiten

Karl Philipp Moritz
- Anton Reiser. Ein psychologischer Roman. Mit einem Nachwort von Max von Brück. it 2229. 533 Seiten
- Götterlehre. Herausgegeben von Horst Günther. Mit Fotografien. it 2507. 340 Seiten
- Reisen eines Deutschen in England im Jahr 1782. Mit einem Nachwort von Heide Hollmer. it 2641. 200 Seiten

Theodor Storm
- Eine Halligfahrt. Großdruck. it 2387. 80 Seiten
- Der Schimmelreiter. Mit Zeichnungen von Hans Mau und einem Nachwort von Gottfried Honnefelder. Großdruck. it 2318. 180 Seiten